F.

Edition originale -   2 vol   N. 34768

A. Bellanger
Cat. 18 N° 126
20.010 F
28-7-59

Aaron Sand

VALENTINE

PAR

G. SAND.

Souvent la femme résiste dans sa faiblesse,
et succombe dans sa force.
H. DELATOUCHE.

TOME PREMIER.

PARIS

HENRI DUPUY, IMPRIMEUR-ÉDITEUR,
11, RUE DE LA MONNAIE;

L. TENRÉ, LIBRAIRE.
1, RUE DU PAON.

1832

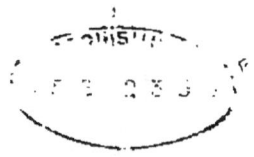

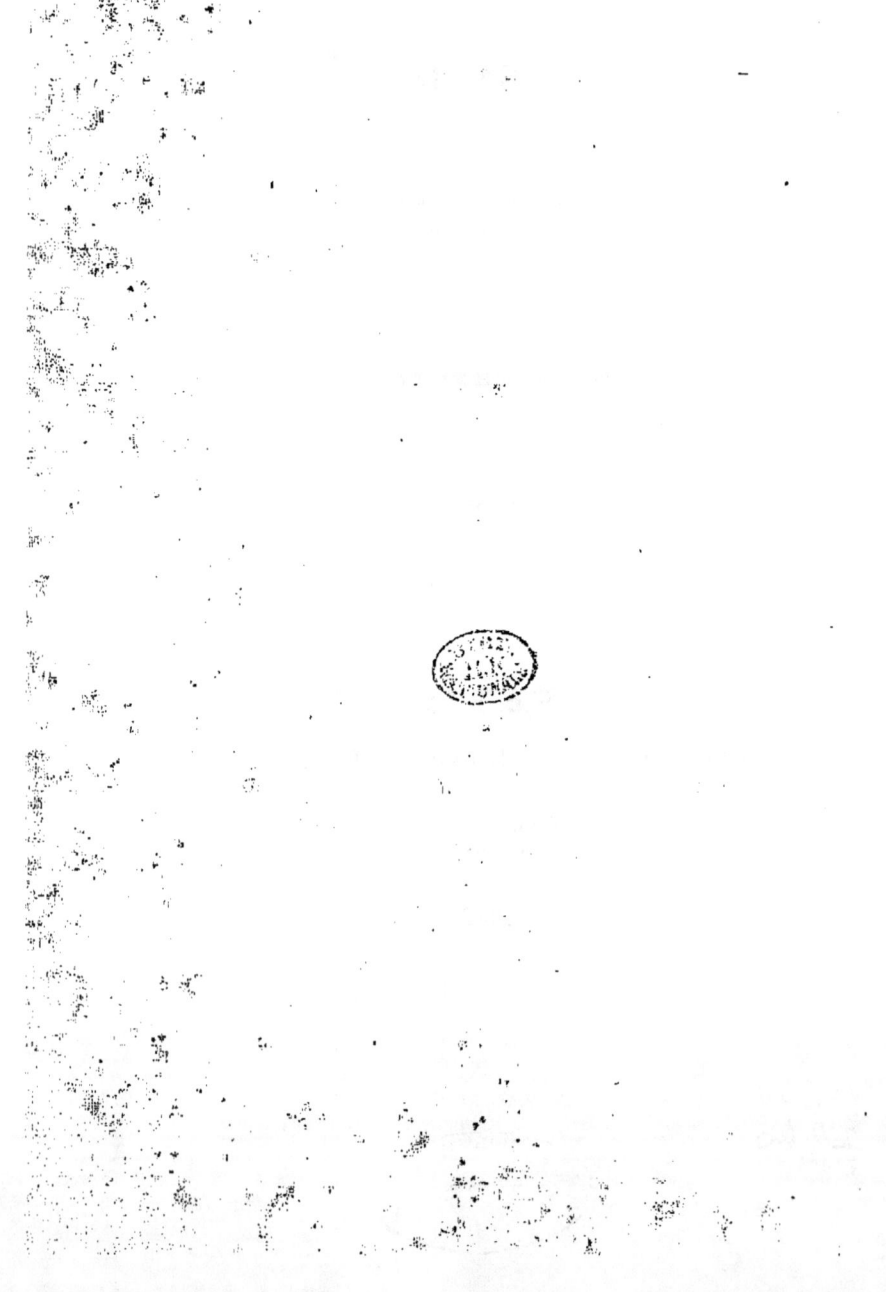

PREMIÈRE PARTIE.

VALENTINE.

I

La partie sud-est du Berry renferme quelques lieues d'un pays singulièrement pittoresque. La grande route qui le traverse dans la direction de Paris à Clermont étant bordée des terres les plus habitées, il est difficile au voyageur de soupçonner la beauté des sites qui l'avoisinent. Mais à celui qui, cherchant l'ombre et le silence, s'enfoncerait dans un de ces chemins tortueux et encaissés qui débouchent sur la route à chaque instant, bientôt se révéleraient de frais et calmes paysages, des prairies d'un vert tendre, des ruisseaux mélancoliques et silencieux, des massifs d'aunes et de frênes, toute une nature suave, naïve et pastorale. En vain chercherait-il dans le rayon de plusieurs lieues une maison d'ardoises et de moëllons. A peine une mince fumée bleue, venant à tremblotter derrière le feuillage, lui annoncerait le voisinage d'un toit de chaume, et s'il apercevait derrière les noyers de la colline la flèche d'une petite église, au bout de quelques pas il découvrirait une campanille de tuiles rongées par la mousse, douze maisonnettes éparses entourées de leurs vergers et de leurs chenevières, un ruisseau avec son pont formé de trois soliveaux, un cimetière d'un arpent carré fermé par une haie vive, quatre ormeaux en quinconce et une tour ruinée. C'est ce qu'on appelle un *bourg* dans le pays.

Rien n'égale le repos de ces campagnes ignorées. Là, n'ont pénétré ni le luxe, ni les arts, ni la manie savante des recherches, ni le monstre à cent bras qu'on appelle industrie. Les révolutions s'y sont à peine fait sentir; et la dernière guerre dont le sol garde une imperceptible trace, c'est celle des huguenots contre les catholiques : encore la tradition en est restée si incertaine et si pâle, que, si vous interrogiez les habitans, ils vous répondraient que ces choses se sont passées il y a au moins deux mille ans; car la principale vertu de cette race de cultivateurs, c'est l'insouciance en matière d'antiquités. Vous pouvez parcourir ses domaines, prier devant ses saints, boire à ses puits, sans jamais courir le risque d'entendre la chronique féodale obligée, ou la légende miraculeuse de rigueur. Le caractère grave et silencieux du paysan n'est pas une des moindres spécialités de cette contrée. Rien ne l'émeut, rien ne l'étonne, rien ne l'attire. Votre présence fortuite dans son sentier ne lui fera pas seulement détourner la tête, et si vous lui demandez le chemin de telle ville, ou de telle ferme, toute sa réponse consistera dans un sourire de complaisance, comme pour vous prouver qu'il n'est pas dupe de votre facétie. Le paysan du Berry ne conçoit pas qu'on marche sans bien savoir où l'on va. A peine son chien daignera-t-il aboyer après vous; ses enfans se cacheront derrière la haie pour échapper à vos regards ou à vos questions, et le plus petit d'entre eux, s'il n'a pu suivre ses frères en déroute, se laissera tomber de peur dans le fossé en criant de toutes ses forces. Mais la figure la plus impassible sera celle d'un grand bœuf blanc, doyen inévitable de tous les pâturages, qui, vous regardant fixement du milieu du buisson, semblera tenir en respect toute la famille moins grave et moins bienveillante des taureaux effarouchés.

A part cette première froideur à l'abord de l'étranger, le laboureur de ce pays est bon et hospitalier, comme ses ombrages paisibles, comme ses prés aromatiques.

Une partie de terrain comprise entre deux petites rivières, est particulièrement remarquable par les teintes vigoureuses et sombres de sa végétation qui lui ont fait donner le nom de *Vallée-Noire*. Elle n'est peuplée que de chaumières éparses et de quelques fermes d'un bon revenu. Celle qu'on appelle *Grangeneuve* est fort considérable, mais la simplicité de son aspect n'offre rien qui altère celle du paysage. Une avenue d'érables y conduit, et tout au pied des bâtimens rustiques, l'Indre, qui n'est en cet endroit qu'un joli ruisseau, se promène doucement au milieu des joncs et des iris jaunes de la prairie.

Le 1er mai est pour les habitans de la Vallée-Noire un jour de déplacement et de fête. A

l'extrémité du vallon, c'est-à-dire à deux
lieues environ de la partie centrale où est situé
Grangeneuve, se tient une de ces fêtes
champêtres qui en tout pays attirent et réunissent
toutes les classes des habitans environnans,
depuis le préfet du département
jusqu'à la jolie grisette qui a plissé la veille
le jabot administratif, depuis la noble châtelaine
jusqu'au petit *pátour* (c'est le mot du
pays) qui nourrit sa chèvre et son mouton
aux dépens des haies seigneuriales. Tout cela
mange sur l'herbe, danse sur l'herbe, avec
plus ou moins d'appétit, plus ou moins de
plaisir ; tout cela vient pour se montrer en
calèche ou sur un âne, en cornette ou en
chapeau de paille d'Italie, en sabots de bois
de peuplier ou en souliers de satin turc, en
robe de chaly ou en jupe de droguet. C'est
un beau jour pour les jolies filles, un jour de
haute et basse justice pour la beauté, quand,
à la lumière inévitable du plein soleil, les
grâces un peu problématiques des salons sont

appelées au concours vis-à-vis les fraîches santés, les éclatantes jeunesses du village; alors que l'aréopage masculin est composé de juges de tout rang, et que les parties sont en présence au son du violon, à travers la poussière, sous le feu des regards. Bien des triomphes équitables, bien des réparations méritées, bien des jugemens long-temps en litige signalent dans les annales de la coquetterie le jour de la fête champêtre, et le 1er mai était là comme partout un grand sujet de rivalités secrètes entre les dames de la ville voisine et les paysannes endimanchées de la Vallée-Noire.

Mais ce fut à Grangeneuve que se déploya dès le matin le plus redoutable arsenal de cette séduction naïve. C'était dans une grande chambre basse, éclairée par des croisées à petit vitrage; les murs étaient revêtus d'un papier assez éclatant de couleur, qui jurait avec les solives noircies du plafond, les portes en plein chêne et le bahut grossier. Dans ce local imparfaitement décoré, où d'assez beaux meubles modernes faisaient ressortir la rusticité classique de sa première condition, une belle fille de seize ans, debout devant le cadre doré et découpé d'une glace antique qui semblait se pencher vers elle pour l'admirer, mettait la dernière main à une toilette plus riche qu'élégante. Mais Athénaïs, l'héritière unique du bon fermier, était si jeune, si rose, si vivace, si réjouissante à voir, qu'elle semblait encore gracieuse et naturelle dans ses atours d'emprunt. Tandis qu'elle arrangeait les plis de sa robe de tulle, madame sa mère, accroupie devant la porte et les manches retroussées jusqu'au coude, préparait dans un grand chaudron je ne sais quelle mixture d'eau et de son, autour de laquelle une demi-brigade de canards se tenait en bon ordre dans une attentive extase. Un rayon de soleil vif et joyeux entrait par cette porte ouverte, et venait tomber sur la jeune fille

parée, vermeille et mignonne, si différente de
sa mère, replète, hâlée, vêtue de bure.

A l'autre bout de la chambre, un jeune
homme habillé de noir, assis négligemment
sur un canapé, contemplait Athénaïs en silence. Mais son visage ne reflétait point cette
joie expansive, enfantine, que trahissaient
tous les mouvemens de la jeune fille. Parfois
même une légère expression d'ironie ou de
pitié semblait animer sa bouche grande,
mince et mobile.

Monsieur Lhéry, ou plutôt le père Lhéry,
comme l'appelaient encore par habitude les
paysans dont il avait été long-temps l'égal et le
compagnon, chauffait paisiblement ses tibias
chaussés de bas blancs, au feu de javelles qui
brûlait en toute saison dans la cheminée selon
l'usage des campagnes. C'était un brave
homme encore vert, qui portait des culottes
rayées, un grand gilet à fleurs, une veste
longue et une queue. La queue est un ves-
tige précieux des temps passés qui s'efface

chaque jour de plus en plus du sol de la France. Le Berry ayant moins souffert que toute autre province des envahissemens de la civilisation, cette coiffure y compte encore beaucoup d'habitués fidèles, dans la classe des cultivateurs demi-bourgeois, demi-rustres. C'était, dans leur jeunesse, le premier pas vers les habitudes aristocratiques, et ils croiraient déroger aujourd'hui, s'ils privaient leur chef de cette distinction sociale. M. Lhéry avait défendu la sienne contre les attaques ironiques de sa fille, et c'était peut-être la seule de ses volontés à laquelle ce père tendre n'eût pas acquiescé dans sa vie.

— Allons donc, maman! dit Athénaïs en arrangeant la boucle d'or de sa ceinture de moire, as-tu fini de donner à manger à tes canards? Tu n'es pas encore habillée? Nous ne partirons jamais!

— Patience, patience, petite! dit la mère Lhéry en distribuant avec une noble impartialité la pâture à ses volatiles. Pendant le tems qu'on mettra *Mignon* à la patache, j'aurai tout celui de m'arranger. Ah dame! Il ne m'en faut pas tant qu'à toi, ma fille! Je ne suis plus jeune, et, quand je l'étais, je n'avais pas comme toi le loisir et le moyen de me faire belle. Je ne passais pas deux heures à ma toilette, dà!

— Est-ce que c'est un reproche que vous me faites? dit Athénaïs d'un air boudeur.

— Non, ma fille, non, répondit la vieille. Amuse-toi, fais-toi brave, mon enfant, tu as de la fortune, profite du travail de tes parens. Nous sommes trop vieux à présent pour en jouir, nous autres... Et, puis quand on a pris l'habitude d'être gueux, on ne s'en défait plus. Moi, qui pourrais me faire servir, pour mon argent, ça m'est impossible, c'est plus fort que moi; il faut toujours que tout soit fait par moi-même dans la maison. Mais toi, fais la dame, ma fille, tu as été élevée pour ça: c'est l'intention de ton père; tu n'es pas pour le nez d'un valet de charrue, et le mari que tu auras sera bien aise de te trouver la main blanche, hein?

Madame Lhéry, en achevant d'essuyer son chaudron et de débiter ce discours plus affectueux que sensé, fit une grimace au jeune homme en manière de sourire. Mais le jeune homme affecta de n'y pas faire attention, et le père Lhéry, qui contemplait les boucles de ses souliers dans cet état de béate stupidité si doux au paysan qui se repose, leva ses yeux à demi-fermés vers son futur gendre comme pour jouir de sa satisfaction. Mais le futur gendre, pour échapper à ces prévenances muettes, se leva, changea de place et dit enfin à madame Lhéry:

— Ma tante, voulez-vous que j'aille préparer la voiture?

— Va, mon enfant, va si tu veux. Je ne te ferai pas attendre, répondit la bonne femme.

Le neveu allait sortir quand une cinquième personne entra, qui par son air et son costume contrastait singulièrement avec les habitans de la ferme.

II

C'était une femme petite et mince qui au premier abord semblait âgée de vingt-cinq ans; mais, en la voyant de près, on pouvait lui en accorder trente sans craindre d'être trop libéral envers elle. Sa taille fluette et bien prise avait encore la grâce de la jeunesse ; mais son visage, à la fois noble et joli, portait les traces du chagrin qui flétrit encore plus que les années. Sa mise négligée, ses cheveux plats, son air calme témoignaient assez de son intention de ne point aller à la fête. Mais dans la petitesse de sa pantoufle puce, dans l'arrangement décent et gracieux de sa robe grise, dans la blancheur de son cou, dans sa démarche souple et mesurée, il y avait plus d'aristocratie véritable que dans tous les joyaux d'Athénaïs. Pourtant cette personne si imposante, devant laquelle toutes les autres se levèrent avec respect, ne portait pas d'autre nom chez ses hôtes de la ferme que celui de mademoiselle Louise.

Elle tendit une main affectueuse à madame Lhéry, baisa sa fille au front, et adressa un sourire d'amitié au jeune homme.

— Eh bien ! lui dit le père Lhéry, avez-vous été vous promener bien loin ce matin, ma chère demoiselle ?

— En vérité, devinez jusqu'où j'ai osé aller,

répondit mademoiselle Louise en s'asseyant près de lui familièrement.

— Pas jusqu'au château, je pense! dit vivement le neveu.

— Précisément jusqu'au château, Bénédict, répondit-elle.

— Quelle imprudence! s'écria Athénaïs qui oublia un instant de crêper les boucles de ses cheveux pour s'approcher avec curiosité.

— Pourquoi? répliqua Louise; ne m'avez-vous pas dit que tous les domestiques étaient renouvelés sauf la pauvre nourrice? Et bien certainement si j'eusse rencontré celle-là, elle ne m'eût pas trahie.

— Mais enfin vous pouviez rencontrer madame...

— A six heures du matin? *Madame* est dans son lit jusqu'à midi.

— Vous vous êtes donc levée avant le jour? dit Bénédict. Il m'a semblé en effet vous entendre ouvrir la porte du jardin.

— Mais Mademoiselle! dit madame Lhéry,

on la dit fort matinale, fort active. Si vous l'eussiez rencontrée celle-là?

— Ah! que je l'aurais voulu! dit Louise avec chaleur; je n'aurai pas de repos que je n'aie vu ses traits, entendu le son de sa voix... Vous la connaissez, vous, Athénaïs, dites-moi donc encore qu'elle est jolie, qu'elle est bonne, qu'elle ressemble à son père...

— Il y a quelqu'un ici à qui elle ressemble bien davantage, dit Athénaïs en souriant, c'est dire qu'elle est bonne et jolie.

La figure de Bénédict s'éclaircit et ses regards se portèrent avec bienveillance sur sa fiancée.

— Mais écoutez, dit Athénaïs à Louise, si vous voulez tant voir mademoiselle Valentine, il faut venir à la fête avec nous; vous vous tiendrez cachée dans la maison de notre cousine Simonne, sur la place, et de là vous verrez certainement ces dames, car mademoiselle Valentine m'a assuré qu'elles y viendraient.

— Ma chère belle, cela est impossible, répondit Louise. Je ne descendrais pas de la carriole sans être reconnue ou devinée par vingt personnes. D'ailleurs, il n'y a qu'une personne de cette famille que je désire voir, la présence des autres gâterait le plaisir que je m'en promets. Mais c'est assez parler de mes projets, parlons des vôtres, Athénaïs. Il me semble que vous voulez écraser tout le pays par un tel luxe de fraîcheur et de beauté!

La jeune fermière rougit de plaisir, et embrassa Louise avec une vivacité qui prouvait assez la satisfaction naïve qu'elle éprouvait d'être admirée.

— Je vais chercher mon chapeau, dit-elle, vous m'aiderez à le poser, n'est-ce-pas?

Et elle monta vivement un escalier de bois qui conduisait à sa chambre.

Pendant ce temps, la mère Lhéry sortit par une autre porte pour aller changer de costume, et son mari prit une fourche et alla donner ses instructions au bouvier pour le régime de la journée.

Alors, Bénédict, resté seul avec Louise, se rapprocha d'elle et parlant à demi-voix :

— Vous gâtez Athénaïs comme les autres, lui dit-il. Vous êtes la seule ici qui auriez le droit de lui adresser quelques observations, et vous ne daignez pas le faire...

— Qu'avez-vous donc encore à reprocher à cette pauvre enfant? répondit mademoiselle Louise étonnée. O Bénédict, vous êtes bien difficile!

— Voilà ce qu'ils me disent tous, et vous aussi, Madame, vous qui pourriez si bien comprendre ce que je souffre du caractère et des ridicules de cette jeune personne!

— Des ridicules? répéta Louise. Est-ce que vous ne seriez pas amoureux d'elle?

Bénédict ne répondit rien, et après un instant de trouble et de silence :

— Convenez, lui dit-il, que sa toilette est extravagante aujourd'hui? Aller danser au soleil et à la poussière avec une robe de bal, des souliers de satin, un cachemire et des marabouts! Outre que cette parure est hors de place, je la trouve du plus mauvais goût. A son âge, une jeune personne devrait chérir la simplicité, et savoir s'embellir à peu de frais.

— Est-ce la faute d'Athénaïs si on l'a élevée ainsi? Que vous vous attachez à peu de chose! Occupez vous plutôt de lui plaire et de prendre de l'empire sur son esprit et sur son cœur; alors, soyez sûr que vos désirs seront des lois pour elle. Mais vous ne songez qu'à la froisser et à la contredire, elle si choyée, si souveraine dans sa famille! Souvenez-vous donc comme son cœur est bon et sensible...

— Son cœur, son cœur! sans doute elle a un bon cœur! mais son esprit est si borné! c'est une bonté toute native, toute végétale, à la manière des légumes qui croissent bien ou mal sans en savoir la cause. Que sa coquetterie me déplaît! Il me faudra lui donner le bras, la promener, la montrer à cette fête; entendre la sotte admiration des uns, le sot dénigrement des autres! Quel ennui! Je voudrais en être déjà revenu!

— Quel singulier caractère! Savez-vous, Bénédict, que je ne comprends rien à vous? Combien d'autres à votre place s'enorgueilliraient de se montrer en public avec la plus jolie fille et la plus riche héritière des environs, d'exciter l'envie de vingt rivaux éconduits, de pouvoir se dire son fiancé! Au lieu de cela, vous ne vous attachez qu'à la critique amère de quelques légers défauts communs à toutes les jeunes personnes de cette classe, dont l'éducation ne s'est pas trouvée en rapport avec la naissance. Vous lui faites un crime de subir les conséquences de la vanité de ses parens. Vanité bien innocente après tout, et dont vous devriez vous plaindre moins que personne.

— Je le sais, répondit-il vivement, je sais

tout ce que vous allez me dire. Ils ne me devaient rien, ils m'ont tout donné. Ils m'ont pris, moi fils de leur frère, fils d'un paysan comme eux, mais d'un paysan pauvre, moi orphelin, moi indigent. Ils m'ont recueilli, adopté, et au lieu de me mettre à la charrue comme l'ordre social semblait m'y destiner, ils m'ont envoyé à Paris à leurs frais, ils m'ont fait faire des études, ils m'ont métamorphosé en bourgeois, en étudiant, en bel-esprit, et ils me destinent encore leur fille, leur fille, riche, vaniteuse et belle. Ils me la réservent, ils me l'offrent! Oh! sans doute, ils m'ont aimé beaucoup ces parens au cœur simple et prodigue! mais leur aveugle tendresse s'est trompée, et tout le bien qu'ils ont voulu me faire s'est changé en mal.... Maudite soit la manie d'atteindre plus haut qu'on ne peut saisir!

Bénédict frappa du pied, Louise le regarda d'un air triste et sévère.

— Est-ce là le langage que vous teniez

hier au retour de la chasse, à ce jeune noble ignorant et borné, qui niait les bienfaits de l'éducation et voulait arrêter les progrès des classes inférieures de la société? Que de bonnes choses n'avez-vous pas trouvé à lui dire pour défendre la propagation des lumières et la liberté pour tous de croître et de parvenir! Bénédict, votre esprit changeant, irrésolu, chagrin, cet esprit qui examine et déprécie tout, m'étonne et m'afflige. J'ai peur que chez vous le bon grain ne se change en ivraie ; j'ai peur que vous ne soyez beaucoup au-dessous de votre éducation, ou beaucoup au-dessus, ce qui ne serait pas un moindre malheur.

—Louise, Louise! dit Bénédict d'une voix altérée en saisissant la main de la jeune femme.

Il la regarda fixement et avec des yeux humides : Louise rougit et détourna les siens d'un air mécontent. Bénédict laissa tomber sa main et se mit à marcher avec agitation, avec humeur; puis il se rapprocha d'elle et fit un effort pour redevenir calme.

— C'est vous qui êtes trop indulgente, dit-il. Vous avez vécu plus que moi, et pourtant je vous crois beaucoup plus jeune. Vous avez l'expérience de vos sensations qui sont grandes et généreuses, mais vous n'avez pas étudié le cœur des autres ; vous n'en soupçonnez pas la laideur et les petitesses ; vous êtes facile et irréfléchie ; vous n'attachez aucune importance aux imperfections d'autrui : vous ne les voyez pas peut-être !... Ah ! Mademoiselle ! Mademoiselle ! vous êtes un guide bien indulgent et bien dangereux peut-être !....

— Voilà de singuliers reproches, dit Louise avec une gaîté forcée. De qui me suis-je élue le Mentor, ici ? Ne vous ai-je pas toujours dit au contraire que je n'étais pas plus propre à diriger les autres que moi-même ? Je manque d'expérience, dites-vous ?.... Oh ! je ne me plains pas de cela, moi !....

Deux larmes coulèrent le long des joues de Louise. Il se fit un instant de silence pendant lequel Bénédict se rapprocha encore et se tint ému et tremblant auprès d'elle. Puis, Louise reprit en cherchant à cacher sa tristesse :

— Mais vous avez raison dans le sens que j'ai trop vécu en moi-même pour observer les autres à fond. J'ai trop perdu de temps à souffrir : ma vie a été mal employée.

Louise s'aperçut que Bénédict pleurait en silence. Elle craignit l'impétueuse sensibilité de ce jeune homme, et lui montrant la cour, elle lui fit signe d'aller aider son oncle qui attelait lui-même à la patache un gros bidet poitevin : mais Bénédict ne s'aperçut pas de son intention.

— Louise! lui dit-il avec ardeur; puis il répéta : Louise! d'un ton plus bas. C'est un joli nom, dit-il; un nom si simple, si doux! et c'est vous qui le portez! au lieu que ma cousine, si bien faite pour traire les vaches

et garder les moutons, s'appelle Athénaïs !
J'ai une autre cousine qui s'appelle Zoraïde
et qui vient de nommer son marmot Adhémar ! Les nobles ont bien raison de mépriser
nos ridicules : ils sont amers ! ne trouvez-
vous pas ? Voici un rouet, le rouet de ma
bonne tante ; qui est-ce qui le charge de
laine ? Qui le fait tourner patiemment en son
absence ?..... Ce n'est pas Athénaïs.... Oh
non !.... Elle croirait s'être dégradée si elle
avait jamais touché un fuseau. Elle craindrait
de redescendre à l'état d'où elle est sortie si
elle savait faire un ouvrage utile. Non, non,
elle sait broder, jouer de la guitare, peindre
des fleurs, danser la galope ; mais vous
savez filer, Mademoiselle, vous née dans
l'opulence ; vous êtes douce, humble et laborieuse.... J'entends marcher là-haut. C'est
elle qui revient ; elle s'était oubliée devant
son miroir, sans doute !....

— Bénédict ! allez donc chercher votre
chapeau, cria Athénaïs du haut de l'escalier.

— Allez donc, dit Louise à voix basse en voyant que Bénédict ne se dérangeait pas.

— Maudite soit la fête! répondit-il sur le même ton. Je vais partir, soit; mais dès que j'aurai déposé ma belle cousine sur la pelouse, j'aurai soin d'avoir un pied foulé et de revenir à la ferme.... Y serez-vous, mademoiselle Louise?

— Non, Monsieur, je n'y serai pas, répondit-elle avec sécheresse.

Bénédict devint rouge de dépit. Il se prépara à sortir. Madame Lhéry reparut avec une toilette moins somptueuse, mais encore plus ridicule que celle de sa fille. Le satin et la dentelle faisaient admirablement ressortir son teint cuivré par le soleil, ses traits prononcés et sa démarche roturière. Athénaïs passa un quart-d'heure à s'arranger avec humeur dans le fond de la carriole, reprochant à sa mère de froisser ses manches en occupant trop d'espace à côté d'elle, et regrettant dans son cœur que la folie de ses parens n'eût pas encore été poussée jusqu'à se procurer une calèche.

Le père Lhéry mit son chapeau sur ses genoux afin de ne pas l'exposer aux cahots de la voiture en le gardant sur sa tête. Bénédict monta sur la banquette de devant, et, en prenant les rênes, osa jeter un dernier regard sur Louise ; mais il rencontra tant de froideur et de sévérité dans le sien, qu'il baissa les yeux, se mordit les lèvres, et fouetta le cheval avec colère. *Mignon* partit au galop, et coupant les profondes ornières du chemin, il imprima à la carriole de violentes secousses, fâcheuses aux chapeaux des deux *dames* et à l'humeur d'Athénaïs.

III

Mais au bout de quelques pas, le bidet, naturellement peu taillé pour la course, se ralentit; l'humeur irascible de Bénédict se calma et fit place à la honte et au remords, et M. Lhéry s'endormit profondément.

Ils suivaient un de ces petits chemins verts

qu'on appelle en langage villageois une *traîne;* chemin si étroit que l'étroite voiture touchait de chaque côté les branches des arbres qui le bordaient, et qu'Athénaïs put se cueillir un gros bouquet d'aubépine en passant son bras couvert d'un gant blanc par la lucarne latérale de la carriole. Rien ne saurait exprimer la fraîcheur et la grâce de ces petites allées sinueuses qui s'en vont serpentant avec caprice sous leurs perpétuels berceaux de feuillage, découvrant à chaque détour une nouvelle profondeur toujours plus mystérieuse et plus verte. Quand le soleil de midi embrase jusqu'à la tige l'herbe profonde et serrée des prairies; quand les insectes bruissent avec force et que la caille *glousse* avec amour dans les sillons, la fraîcheur et le silence semblent se réfugier dans les traînes. Vous y pouvez marcher une heure sans entendre d'autre bruit que le vol d'un merle effarouché à votre approche, ou le saut d'une petite grenouille verte et brillante comme une émeraude, qui dormait dans son hamac de joncs entrelacés. Ce fossé lui-même renferme tout un monde d'habitans, toute une forêt de végétation; son eau limpide court sans bruit en s'épurant sur la glaise, et caresse mollement des bordures de cresson, de baume et d'hépatiques; les fontinales, les longues herbes appelées *rubans d'eau*, les mousses aquatiques pendantes et chevelues, tremblent incessamment dans ses petits remoux silencieux; la bergeronnette jaune y trotte sur le sable d'un air à la fois espiègle et peureux; la clématite et le chèvre-feuille l'ombragent de berceaux où le rossignol cache son nid. Au printemps ce ne sont que fleurs et parfums; à l'automne, les prunelles violettes couvrent ces rameaux qui en avril blanchirent les premiers; la senelle rouge, dont les grives sont friandes, remplace la fleur d'aubépine, et les ronces, toutes chargées des flocons de laine qu'y ont laissés les brebis en

passant, s'empourprent de petites mûres sauvages d'une agréable saveur.

Bénédict, laissant flotter les guides du paisible coursier, tomba dans une rêverie profonde. Ce jeune homme était d'un caractère étrange; son entourage, faute de pouvoir le comparer à un autre de même trempe, le considérait comme absolument hors de la ligne commune. La plupart le méprisaient comme un être incapable d'exécuter rien d'utile et de solide, et s'ils ne lui témoignaient pas le peu de cas qu'ils faisaient de lui, c'est parce qu'ils étaient forcés de lui accorder une véritable bravoure physique et une grande fermeté de ressentimens. En revanche, la famille Lhéry, simple et bienveillante qu'elle était, n'hésitait pas à l'élever au premier rang pour l'esprit et le savoir. Aveugles sur ses défauts, ces braves gens ne voyaient dans leur neveu qu'un jeune homme trop riche d'imagination et de connaissances pour goûter le repos de l'esprit. Cependant Bénédict à vingt-deux ans n'avait point acquis ce qu'on appelle une instruction positive. A Paris, tour à tour possédé de l'amour des arts et des sciences, il ne s'était enrichi d'aucune spécialité. Il avait travaillé beaucoup, mais il s'était arrêté là où la pratique devenait nécessaire. Il avait senti le dégoût au moment où les autres recueillent le fruit de leurs peines. Pour lui, l'amour de l'étude finissait là où la nécessité du métier commençait. Les secrets de l'art et de la science une fois pénétrés, il ne s'était plus senti la constance égoïste d'en faire l'application à ses intérêts propres; et comme il ne savait pas être utile à lui-même, chacun disait en le voyant inoccupé : A quoi est-il bon ?

De tout temps sa cousine lui avait été destinée en mariage : c'était la meilleure réponse qu'on pût faire aux envieux qui accusaient les Lhéry d'avoir laissé corrompre leur cœur autant que leur esprit par les richesses. Il est bien vrai que leur bon sens, ce bon sens des paysans ordinairement si sûr et si droit, avait reçu une rude atteinte au sein de la prospérité. Ils avaient cessé d'estimer les vertus simples et modestes, et après de vains efforts pour les détruire en eux-mêmes, ils avaient tout fait pour en étouffer le germe chez leurs enfans; mais ils n'avaient pas cessé de les chérir presque également, et en travaillant à leur perte ils avaient cru travailler à leur bonheur.

Cette éducation avait assez bien fructifié pour le malheur de l'un et de l'autre. Athénaïs, comme une cire molle et flexible, avait pris dans un pensionnat d'Orléans tous les défauts des jeunes provinciales : la vanité, l'ambition, l'envie, la petitesse. Cependant, la bonté du cœur était en elle comme un héritage sacré transmis par sa mère, et les influences du dehors n'avaient pu l'étouffer. Il y avait donc beaucoup à espérer pour elle des leçons de l'expérience et des impressions de l'avenir.

Le mal était plus grand chez Bénédict. Au lieu d'engourdir les sentimens généreux, l'éducation les avait développés outre mesure, et les avait changés en irritation douloureuse et fébrile. Ce caractère ardent, cette ame impressionnable auraient eu besoin d'un ordre d'idées calmantes, de principes répressifs. Peut-être même le travail des champs, la fatigue du corps eussent avantageusement employé l'excès de force qui fermentait dans cette organisation énergique. Les lumières de la civilisation qui ont développé tant de qualités précieuses, en ont vicié peut-être autant. C'est un malheur des générations transitoires entre celles qui ne savent rien et celles qui sauront assez : elles savent trop.

Lhéry et sa femme ne pouvaient comprendre le malheur de cette situation. Ils se refusaient à la pressentir, et n'imaginant pas d'autres félicités que celles qu'ils pouvaient dispenser, ils se vantaient naïvement d'avoir la puissance consolatrice pour les ennuis de

Bénédict : c'était, selon eux, une bonne ferme, une jolie fermière et une dot de deux cent mille francs comptant pour entrer en ménage. Mais Bénédict était insensible à ces flatteries de leur affection. L'argent excitait en lui ce mépris profond, enthousiaste exagération d'une jeunesse souvent trop prompte à changer de principes et à plier un genou converti devant le Dieu de l'univers. Bénédict se sentait dévoré d'une ambition secrète, mais ce n'était pas celle-là : c'était celle de son âge, celle des choses qui flattent l'amour-propre d'une manière plus noble.

Le but particulier de cette attente vague et pénible, il l'ignorait encore. Il avait cru deux ou trois fois la reconnaître aux vives fantaisies qui s'étaient emparées de son imagination. Ces fantaisies s'étaient évanouies sans lui avoir apporté de durables jouissances. Maintenant, il la sentait toujours comme un mal ennemi renfermé dans son sein, et jamais elle ne l'avait torturé si cruellement qu'alors où il savait moins à quoi la faire servir. L'ennui, ce mal horrible qui s'est attaché à la génération présente plus qu'à toute autre époque de l'histoire sociale, avait envahi cette destinée de Bénédict dans sa fleur. Il s'étendait comme un nuage noir sur tout son avenir. Il avait déjà perdu la plus précieuse faculté de son âge, l'espérance.

A Paris, la solitude l'avait rebuté. Toute préférable à la société qu'elle lui semblait, il l'avait trouvée, au fond de sa petite chambre d'étude, trop solennelle, trop dangereuse pour des facultés aussi actives que l'étaient les siennes. Sa santé en avait souffert, et ses bons parens effrayés l'avaient rappelé auprès d'eux. Il y était depuis un mois, et déjà son teint avait repris le ton vigoureux de la santé, mais son cœur était plus agité que jamais. La poésie des champs, à laquelle il était si sensible, portait jusqu'au délire l'ardeur de ces besoins ignorés qui le rongeaient. Sa vie de famille, si bienfaisante et si douce, dans les premiers jours, chaque fois qu'il venait en faire l'essai, lui était devenue déjà encore plus fastidieuse que de coutume. Il ne se sentait aucun attrait vers Athénaïs. Elle était trop au-dessous des chimères de sa pensée, et l'idée de se fixer au sein de ces habitudes extravagantes ou triviales, dont sa famille offrait le contraste et l'assemblage, lui était odieuse. Son cœur s'ouvrait bien à la tendresse et à la reconnaissance, mais ces sentimens étaient pour lui la source de combats et de remords perpétuels. Il ne pouvait se défendre d'une ironie intérieure, implacable et cruelle à la vue de toutes ces petitesses qui l'entouraient, de ce mélange de parcimonie et de prodigalité qui rendent si ridicules les mœurs des parvenus. M. et madame Lhéry, à la fois paternels et despotiques, donnaient, le dimanche, d'excellent vin à leurs laboureurs. Dans la semaine, ils leur reprochaient le filet de vinaigre qu'ils mettaient dans leur eau. Ils accordaient avec empressement à leur fille un superbe piano, une toilette en bois de citronnier, des livres richement reliés; ils la grondaient pour un fagot de trop qu'elle faisait jeter dans l'âtre. Chez eux, ils se faisaient petits et pauvres pour inspirer à leurs serviteurs le zèle et l'économie; au dehors ils s'enflaient avec orgueil et eussent regardé comme une insulte le moindre doute sur leur opulence. Eux, si bons, si charitables, si faciles à gagner, ils avaient réussi à force de sottise à se faire détester de tous leurs voisins, encore plus sots et plus vains qu'eux.

Voilà les défauts que Bénédict ne pouvait endurer. La jeunesse est âpre et intolérante à la vieillesse, bien plus que celle-ci ne l'est envers elle. Cependant, au milieu de son découragement, des mouvemens vagues et confus étaient venus jeter quelques éclairs d'espoir sur sa vie. Louise, *madame* ou *mademoiselle* Louise (on l'appelait également de ces deux noms), était venue s'installer à Grangeneuve depuis environ trois semaines. D'abord, la différence de leurs âges avait rendu cette liaison calme et imprévoyante : quelques préventions de Bénédict défavorables à Louise, qu'il voyait pour la première fois depuis douze ans, s'étaient effacées dans le charme pur et attachant de son commerce. Leurs goûts, leur instruction, leurs sympathies, les avaient rapidement rapprochés ; et Louise, à la faveur de son âge, de ses malheurs et de ses vertus, avait pris un ascendant complet sur l'esprit de son jeune ami. Mais les douceurs de cette intimité furent de courte durée. Bénédict, toujours prompt à dépasser le but, toujours avide de diviniser ses admirations et d'empoisonner ses joies par leur excès, s'imagina qu'il était amoureux de Louise, qu'elle était la femme selon son cœur, et qu'il ne pourrait plus vivre là où elle ne serait pas. Ce fut l'erreur d'un jour. La froideur avec laquelle Louise accueillit ses aveux timides lui inspira plus de dépit que de douleur. Dans son ressentiment, il l'accusa intérieurement d'orgueil et de sécheresse. Puis il se sentit désarmé par le souvenir des malheurs de Louise, et s'avoua qu'elle était digne de respect autant que de pitié. Deux ou trois fois encore il sentit se rallumer auprès d'elle ces impétueuses aspirations d'une ame trop passionnée pour l'amitié. Mais Louise sut le calmer. Elle n'y employa point la raison qui s'égare en transigeant. Son expérience lui apprit à se méfier de la compassion. Elle ne lui en témoigna aucune; et quoique la dureté fût loin de son ame, elle la fit servir à sa guérison. L'émotion que Bénédict avait témoignée le matin, durant leur entretien, avait été comme sa dernière tentative de révolte. Maintenant il se repentait de sa folie, et, enfoncé dans ses réflexions, il sentait à son inquiétude toujours croissante que le moment n'était pas venu pour lui d'aimer exclusivement quelque chose ou quelqu'un.

Madame Lhéry rompit le silence par une remarque frivole.

— Tu vas tacher tes gants avec ces fleurs, dit-elle à sa fille. Rappelle-toi donc que *Madame* disait l'autre jour devant toi : — On reconnaît toujours une personne du commun en province à ses pieds et à ses mains. — Elle ne faisait pas attention, la chère dame, que nous pouvions prendre cela pour nous, au moins !

— Je crois bien, au contraire, qu'elle le disait exprès pour nous. Ma pauvre maman, tu connais bien peu madame de Raimbault, si tu penses qu'elle regretterait de nous avoir fait un affront.

— Un affront ! reprit madame Lhéry avec aigreur. Elle aurait voulu nous *faire affront !* Je voudrais bien voir cela ! Ah ! bien oui ! Est-ce que je souffrirais un affront de la part de qui que ce fût ?

— Il faudra pourtant bien nous attendre à essuyer plus d'une impertinence tant que nous serons ses fermiers. Fermiers, toujours fermiers! quand nous avons une propriété au moins aussi belle que celle de madame la comtesse! Mon papa, je ne vous laisserai pas tranquille que vous n'ayez envoyé promener cette vilaine ferme. Je m'y déplais, je ne m'y puis souffrir.

Le père Lhéry hocha la tête.

— Mille écus de profit tous les ans sont toujours bons à prendre, répondit-il.

— Il vaudrait mieux gagner mille écus de moins et recouvrer notre liberté, jouir de notre fortune, nous affranchir de l'espèce de domination que cette femme orgueilleuse et dure exerce sur nous.

— Bah! dit madame Lhéry, nous n'avons presque jamais affaire à elle. Depuis le malheureux événement, elle ne vient plus dans le pays que tous les cinq ou six ans. Encore cette fois, elle n'y est venue que par l'occasion du mariage de sa *demoiselle*. Qui sait si ce n'est pas la dernière? M'est avis que mademoiselle

Valentine aura le château et la ferme en dot. Alors nous aurions affaire à une si bonne maîtresse !

— Il est vrai que Valentine est une bonne enfant, dit Athénaïs fière de pouvoir employer ce ton de familiarité en parlant d'une personne dont elle enviait le rang. Oh ! celle-là n'est pas fière : elle n'a pas oublié que nous avons joué ensemble étant petites. Et puis elle a le bon sens de comprendre que la seule distinction c'est l'argent, et que le nôtre est aussi honorable que le sien.

— Au moins ! reprit madame Lhéry ; car elle n'a eu que la peine de naître, au lieu que nous, nous l'avons gagné à nos risques et peines. Mais enfin il n'y a pas de reproche à lui faire : c'est une bonne demoiselle, et une jolie fille, dà ! Tu ne l'as jamais vue, Bénédict ?

— Jamais, ma tante.

— Et puis je suis attachée à cette famille-là, moi, reprit madame Lhéry. Le père était si bon! C'était là un homme! et beau! Un général, ma foi, tout chamarré d'or et de croix, et qui me faisait danser aux fêtes patronales tout comme si j'avais été une duchesse. Cela ne faisait pas trop plaisir à Madame....

— Ni à moi non plus, objecta le père Lhéry avec naïveté.

— Ce père Lhéry, reprit la femme, il a toujours le mot pour rire! Mais enfin c'est pour vous dire, qu'excepté Madame qui est un peu haute, c'est une famille de braves gens. Peut-on voir une meilleure femme que la grand'mère?

— Ah! celle-là, dit Athénaïs, c'est encore la meilleure de toutes : elle a toujours quelque chose d'agréable à vous dire; elle ne vous appelle jamais que *mon cœur*, ma *toute belle*, mon *joli minois*.

— Et cela fait toujours plaisir? dit Bénédict d'un air moqueur. Allons, allons, cela joint aux mille écus de ferme qui peûvent payer bien des chiffons....

— Eh! ce n'est pas à dédaigner, n'est-ce pas, mon garçon? dit le père Lhéry. Dis-lui donc cela, toi, elle t'écoutera

— Non, non, je n'écouterai rien, s'écria la jeune fille. Je ne vous laisserai pas tranquille que vous n'ayez laissé la ferme. Votre bail expire dans six mois : il ne faut pas le renouveler, entends-tu, mon papa?

— Mais qu'est-ce que je ferai? dit le vieillard ébranlé par le ton à la fois patelin et impératif de sa fille. Il faudra donc que je me croise les bras? Je ne peux pas m'amuser comme toi à lire et à chanter; moi, l'ennui me tuera.

— Mais, mon papa, n'avez-vous pas vos biens à faire valoir?

— Tout cela marchait si bien de front! Il ne me restera pas de quoi m'occuper. Et d'ailleurs où demeurerons-nous? Tu ne peux pas habiter avec les métayers?

— Non certes! Vous ferez bâtir; nous aurons une maison à nous; nous la ferons décorer autrement que cette vilaine ferme; vous verrez comme je m'y entends!

— Oui, sans doute, tu t'entends fort bien à manger de l'argent, répondit le père.

Athénaïs prit un air boudeur.

— Au reste, dit-elle d'un ton dépité, faites comme il vous plaira : vous vous repentirez peut-être de ne pas m'avoir écoutée, mais il ne sera plus temps.

— Que voulez-vous dire? demanda Bénédict.

— Je veux dire, reprit-elle, que quand madame de Raimbault saura quelle est la personne que nous avons reçue à la ferme, et que nous logeons depuis trois semaines, elle sera furieuse contre nous, et nous congédiera dès la fin du bail avec toutes sortes de chicanes et de mauvais procédés. Ne vaudrait-il pas mieux avoir pour nous les bonneurs de la guerre et nous retirer avant qu'on nous chasse?

Cette réflexion parut faire impression sur les Lhéry. Ils gardèrent le silence, et Bénédict, à qui les discours d'Athénaïs déplaisaient de plus en plus, n'hésita pas à prendre en mauvaise part sa dernière objection.

— Est-ce à dire, lui dit-il, que vous faites un reproche à vos parens d'avoir accueilli madame Louise?

Athénaïs tressaillit, regarda Bénédict avec surprise, le visage animé par la colère et le chagrin. Puis elle pâlit et fondit en larmes.

Bénédict la comprit et lui prit la main.

— Ah! c'est affreux! s'écria-t-elle d'une voix entrecoupée par les pleurs; interpréter ainsi mes paroles! moi qui aime madame Louise comme ma sœur!

— Allons! allons! c'est un malentendu, dit le père Lhéry; embrassez-vous, et que tout soit dit.

Bénédict embrassa sa cousine dont les belles couleurs reparurent aussitôt.

— Allons! enfant, essuie tes larmes, dit madame Lhéry, voici que nous arrivons : ne va pas te montrer avec des yeux rouges ; voilà déjà du monde qui te cherche.

En effet, le son des vielles et des cornemuses se faisait entendre, et plusieurs jeunes gens en embuscade sur la route attendaient l'arrivée des demoiselles pour les inviter à danser les premiers.

IV

C'étaient des garçons de la même classe que Bénédict, sauf la supériorité de l'éducation qu'il avait sur eux, et dont ils étaient plus portés à lui faire un reproche qu'un avantage. Plusieurs d'entre eux n'étaient pas sans prétentions à la main d'Athénaïs.

— Bonne prise ! s'écria celui qui était monté sur un tertre pour découvrir l'arrivée des voitures; c'est mademoiselle Lhéry, la beauté de la Vallée-Noire.

— Doucement, Simonneau ! celle-là me revient; je lui fais la cour depuis un an : par droit d'ancienneté, s'il vous plaît !

Celui qui parla ainsi était un grand et robuste garçon à l'œil noir, au teint cuivré, aux gigantesques épaules : c'était le fils du plus riche marchand de bœufs du pays.

— C'est fort bien, Pierre Blutty, dit le premier, mais son futur est avec elle.

— Comment, son futur ! s'écrièrent tous les autres.

— Sans doute ; le cousin Bénédict.

— Ah ! Bénédict l'avocat, le beau parleur, le savant !

— Oh ! le père Lhéry lui donnera assez d'écus pour en faire quelque chose de bon.

— Il l'épouse ?

— Il l'épouse.

— Oh ! ce n'est pas fait !

— Les parens veulent, la fille veut, ce serait bien le diable si le garçon ne voulait pas.

— Il ne faut pas souffrir cela, vous autres, s'écria Georges Moret. Eh bien ! oui, nous aurions là un joli voisin ! Ce serait pour le coup qu'il se donnerait de grands airs ce *cracheur de grec*. A lui la plus belle fille et la plus belle dot ! Non, que Dieu me confonde plutôt !

— La petite est coquette, le grand pâle (c'est ainsi qu'ils appelaient Bénédict) n'est ni beau, ni galant. C'est à nous d'empêcher cela. Allons, frères, le plus heureux de nous régalera les autres le jour de ses noces. Mais avant tout, il faut savoir à quoi nous en tenir sur les prétentions de Bénédict.

— En parlant ainsi, Pierre Blutty s'avança vers le milieu du chemin, s'empara de la bride du cheval, et l'ayant forcé de s'arrêter, présenta son salut et son invitation à la jeune fermière. Bénédict tenait à réparer son injustice envers elle; en outre, quoiqu'il ne se souciât pas de la disputer à ses nombreux rivaux, il était bien aise de les mortifier un peu. Il se pencha donc sur le devant de la carriole de manière à leur cacher Athénaïs.

— Messieurs, ma cousine vous remercie de tout son cœur, leur dit-il, mais vous trouverez bon que la première contredanse soit pour moi. Elle vient de m'être promise, vous arrivez un peu tard.

Et sans écouter une seconde proposition, il fouetta le cheval et entra dans le hameau en soulevant des tourbillons de poussière.

Athénaïs ne s'attendait pas à tant de joie; la veille et le matin encore, Bénédict, qui ne voulait pas danser avec elle, avait feint d'avoir pris une entorse et de boiter. Quand elle le vit marcher à ses côtés d'un air résolu, son sein bondit de joie, car outre qu'il eût été humiliant pour l'amour-propre d'une si jolie fille, de ne pas ouvrir la danse avec son prétendu, Athénaïs aimait réellement Bénédict.

Elle reconnaissait instinctivement toute sa supériorité sur elle, et comme il entre toujours une bonne part de vanité dans l'amour, elle était flattée d'être destinée à un homme si au-dessus de tous ceux qui la courtisaient. Elle parut donc éblouissante de fraîcheur et de vivacité; sa parure, que Bénédict avait si sévèrement condamnée, sembla charmante à des goûts moins épurés. Les femmes en devinrent laides de jalousie, et les hommes proclamèrent Athénaïs Lhéry la reine du bal.

Cependant vers le soir cette brillante étoile pâlit devant l'astre plus pur et plus radieux de mademoiselle de Raimbault. En entendant ce nom passer de bouche en bouche, Bénédict, poussé par un sentiment de curiosité, suivit les flots d'admirateurs qui se jetaient sur ses pas. Pour la voir, il fut forcé de monter sur un piédestal de pierre brute surmonté d'une croix fort en vénération dans le village. Cet acte d'impiété, ou plutôt d'étourderie, attira les regards vers lui, et ceux de mademoiselle de Raimbault suivant la même direction que la foule, elle se présenta à lui de face et sans obstacle.

Elle ne lui plut pas. Il s'était fait un type de femme brune, pâle, ardente, espagnole, mobile, dont il ne voulait pas se départir. Mademoiselle Valentine ne réalisait point son idéalité. Elle était blanche, blonde, calme, grande, fraîche, admirablement belle de tous points. Elle n'avait aucun des défauts dont son cerveau malade s'était épris à la vue de ces œuvres d'art où le pinceau, en poétisant la laideur, l'a rendue plus attrayante que la beauté même. Et puis, mademoiselle de Raimbault avait une dignité douce et réelle qui imposait trop pour charmer au premier abord. Dans la courbure de son profil, dans la finesse de ses cheveux, dans la grâce de son cou, dans la largeur de ses blanches épaules, il y avait mille souvenirs de la cour de Louis XIV. On sentait qu'il avait fallu toute une race de preux pour produire cette combinaison de traits purs et nobles, toutes ces graces quasi royales, qui se trahissaient lentement, comme celles du cygne jouant au soleil avec une langueur majestueuse.

Bénédict descendit de son poste au pied de la croix, et, malgré les murmures des bonnes femmes de l'endroit, vingt autres jeunes gens se succédèrent à cette place enviée qui permettait de voir et d'être vu. Bénédict se trouva, une heure après, porté vers mesdames de Raimbault. Son oncle qui était occupé à leur parler chapeau bas, l'ayant aperçu, vint le prendre par le bras et le leur présenta.

Valentine était assise sur le gazon, entre sa mère la comtesse de Raimbault et sa grand'-mère la marquise de Raimbault. Bénédict ne connaissait aucune de ces trois femmes; mais il avait si souvent entendu parler d'elles à la ferme, qu'il s'attendait au salut dédaigneux et glacé de l'une, à l'accueil familier et communicatif de l'autre. Il semblait que la vieille marquise voulût réparer, à force de démonstrations, le silence méprisant de sa belle-fille. Mais, dans cette affectation de popularité, on retrouvait l'habitude d'une protection toute féodale.

— Comment! c'est là Bénédict? s'écria-t-elle, c'est là ce marmot que j'ai vu tout petit sur le sein de sa mère? Eh bonjour, *mon garçon!* je suis charmée de te voir si grand et si bien mis. Tu ressembles à ta mère que c'est effrayant. Ah ça, sais-tu que nous sommes d'anciennes connaissances? Tu es le filleul de mon pauvre fils le général, qui est mort à Waterloo. C'est moi qui t'ai fait présent de ton premier fourreau; mais tu ne t'en souviens guère. Combien y a-t-il de cela? Tu dois avoir au moins dix-huit ans?

— J'en ai vingt-deux, Madame, répondit Bénédict.

— Sangodemi! s'écria la marquise, déjà vingt-deux ans! Voyez comme le temps passe! Je te croyais de l'âge de ma petite-fille. Tu ne la connais pas, ma petite-fille?

Tiens, regarde-la : nous savons faire des enfans aussi, nous autres? Valentine, dis donc bonjour à Bénédict : c'est le neveu du bon Lhéry, c'est le prétendu de ta petite camarade Athénaïs? Parle-lui, ma fille.

Cette interpellation pouvait se traduire ainsi : — Imite-moi, héritière de mon nom : sois populaire, afin de sauver ta tête à travers les révolutions à venir, comme j'ai su faire dans les révolutions passées. — Néanmoins, mademoiselle de Raimbault, soit adresse, soit usage, soit franchise, effaça, par son regard et par son sourire, tout ce que la bienveillance impertinente de la marquise avait excité de colère dans l'ame de Bénédict. Il avait fixé sur elle des yeux hardis et railleurs; car sa fierté blessée avait fait disparaître un instant la timide sauvagerie de son âge. Mais l'expression de ce beau visage était si douce et si sereine, le son de cette voix si pur et si calmant, que le jeune homme baissa les yeux et devint rouge comme une jeune fille.

— Ah! Monsieur, lui dit-elle, ce que je puis vous dire de plus sincère, c'est que j'aime Athénaïs comme ma sœur : ayez donc la bonté de me l'amener. Je la cherche depuis long-temps sans pouvoir la joindre. Je voudrais pourtant bien l'embrasser.

Bénédict s'inclina profondément, et revint bientôt avec sa cousine. Athénaïs se promena à travers la fête, bras dessus bras dessous, avec la noble fille des comtes de Raimbault. Quoiqu'elle affectât de trouver la chose toute naturelle et que Valentine la comprît ainsi, il lui fut impossible de cacher le triomphe de sa joie orgueilleuse en face de ces autres femmes qui l'enviaient en s'efforçant de la dénigrer.

Cependant la vielle donna le signal de la bourrée. Athénaïs s'était engagée à la danser avec celui des jeunes gens qui l'avait arrêtée sur le chemin. Elle pria mademoiselle de Raimbault de lui servir de vis-à-vis.

— J'attendrai pour cela qu'on m'invite, répondit Valentine en souriant.

— Eh bien donc, Bénédict! s'écria vivement Athénaïs, allez inviter Mademoiselle.

Bénédict intimidé consulta des yeux le visage de Valentine. Il lut dans sa douce et candide expression le désir d'accepter son offre. Alors il fit un pas vers elle. Mais tout-à-coup la comtesse sa mère lui frappa brusquement le bras en lui disant assez haut pour que Bénédict pût l'entendre:

— Ma fille, je vous défends de danser la bourrée avec tout autre qu'avec M. de Lansac.

Bénédict remarqua alors pour la première fois un grand jeune homme de la plus belle figure, qui donnait le bras à la comtesse, et il se rappela que ce nom était celui du fiancé de mademoiselle de Raimbault.

Il comprit bientôt le motif de l'effroi de sa mère. A un certain *trille* que la vielle exécute avant de commencer la bourrée, chaque danseur, selon un usage immémorial, doit embrasser sa danseuse. Le comte de Lansac, trop bien élevé pour se permettre cette liberté en public, transigea avec la coutume de Berry en baisant respectueusement la main de Valentine.

Ensuite le comte essaya quelques pas en avant et en arrière; mais sentant aussitôt qu'il ne pouvait saisir la mesure de cette danse qu'il n'est donné à aucun étranger au pays de bien danser, il s'arrêta, et dit à Valentine :

— A présent, j'ai fait mon devoir, je vous ai installée ici selon la volonté de votre mère; mais je ne veux pas gâter votre plaisir par ma maladresse. Vous aviez un danseur tout prêt il y a un instant, permettez que je lui cède mes droits.

Et se tournant vers Bénédict :

— Voulez-vous bien me remplacer, Monsieur? lui dit-il avec un ton d'exquise politesse. Vous vous acquitterez de mon rôle beaucoup mieux que moi.

Et comme Bénédict, partagé entre la timidité et l'orgueil, hésitait à prendre cette place dont on lui avait ravi le plus beau droit :

—Allons, Monsieur, insista M. de Lansac avec aménité, vous serez assez payé du service que je vous demande, et c'est à vous peut-être à m'en remercier.

Bénédict ne se fit pas prier plus longtemps; la main de Valentine vint sans répugnance trouver la sienne qui tremblait. La comtesse était satisfaite de la manière diplomatique dont son futur gendre avait arrangé l'affaire; mais tout d'un coup le joueur de vielle, facétieux et goguenard comme le sont les vrais artistes, interrompt le refrain de la bourrée, et fait entendre avec une affectation maligne le trille impératif. Il est enjoint au nouveau danseur d'embrasser sa partenaire. Bénédict devient pâle et perd contenance. Le père Lhéry, épouvanté de la colère qu'il lit dans les yeux de la comtesse, s'élance vers le *vielleux*, et le conjure de passer outre.

Le musicien villageois n'écoute rien, triomphe au milieu des rires et des bravos, et s'obstine à ne reprendre l'air qu'après la formalité de rigueur. Les autres danseurs s'impatientent. Madame de Raimbault se prépare à emmener sa fille. Mais M. de Lansac, homme de cour et homme d'esprit, sentant tout le ridicule de cette scène, s'avance de nouveau vers Bénédict.

— Allons, Monsieur, lui dit-il, faudra-t-il encore vous autoriser à prendre un droit dont je n'avais pas osé profiter? Vous n'épargnez rien à votre triomphe.

Bénédict imprima ses lèvres tremblantes sur les joues veloutées de la jeune comtesse. Un rapide sentiment d'orgueil et de plaisir l'anima un instant; mais il remarqua que Valentine, tout en rougissant, riait comme une bonne fille de toute cette aventure. Il se rapela qu'elle avait rougi aussi, mais qu'elle n'avait pas ri lorsque M. de Lansac lui avait baisé la main. Il se dit que ce beau comte, si poli, si adroit, si sensé, devait être aimé, et il n'eut plus aucun plaisir à danser avec elle, quoiqu'elle dansât la bourrée à merveille, avec tout l'aplomb et le laisser-aller d'une villageoise.

Mais Athénaïs y portait encore plus de charme et de coquetterie ; sa beauté était du genre de celles qui plaisent plus généralement. Les hommes d'une éducation vulgaire aiment les grâces qui attirent, les yeux qui préviennent, le sourire qui encourage. La jeune fermière trouvait dans son innocence même une assurance espiégle et piquante. En un instant elle fut entourée et comme enlevée par ses adorateurs campagnards. Bénédict la suivit encore quelque temps à travers le bal. Puis, mécontent de la voir s'éloigner de sa mère et se mêler à un essaim de jeunes étourdies autour duquel bourdonnaient des volées d'amoureux, il essaya de lui faire comprendre, par ses signes et par ses regards, qu'elle s'abandonnait trop à sa pétulance naturelle. Athénaïs ne s'en aperçut point ou ne voulut point s'en apercevoir. Bénédict prit de l'humeur, haussa les épaules, et quitta la fête. Il trouva dans l'auberge le valet de ferme de son oncle qui s'était rendu là sur la petite jument grise que Bénédict montait ordinairement. Il le chargea de ramener le soir M. Lhéry et sa famille dans la patache, et, s'emparant de sa monture, il reprit seul le chemin de Grangeneuve à l'entrée de la nuit.

V

Après que Valentine eut remercié Bénédict par un salut gracieux, elle quitta la danse, et se tournant vers la comtesse, elle comprit à sa pâleur, à la contraction de ses lèvres, à la sécheresse de son regard, qu'un orage couvait pour elle dans le cœur vindicatif de sa mère. M. de Lansac, qui se sentait responsable de la conduite de sa fiancée, voulut lui épargner les âcres reproches du premier moment, et prenant son bras, il suivit avec elle, à une certaine distance, madame de Raimbault qui, entraînant sa belle-mère, se dirigeait vers le lieu où l'attendait sa calèche. Valentine était émue : elle craignait la colère amassée sur sa tête ; M. de Lansac, avec l'adresse et la grâce de son esprit, chercha à la distraire, et affectant de regarder ce qui venait de se passer comme une niaiserie, il se chargea d'apaiser la comtesse. Valentine, reconnaissante de cet intérêt délicat qui semblait l'entourer toujours sans égoïsme et sans ridicule, sentit augmenter l'affection sincère que son futur époux lui inspirait.

Cependant la comtesse, outrée de n'avoir personne à quereller, s'en prit à la marquise sa belle-mère. Comme elle ne trouva pas ses gens au lieu indiqué parce qu'ils ne l'attendaient pas si tôt, il fallut faire quelques tours de promenade sur un chemin poudreux et pierreux, offensant pour des pieds qui avaient foulé des tapis de cachemire dans les appartemens de Joséphine et de Marie-Louise. L'humeur de la comtesse en augmenta; elle repoussa presque la vieille marquise qui, trébuchant à chaque pas, cherchait à s'appuyer sur son bras.

—Voilà une jolie fête, une charmante partie de plaisir! lui dit-elle. C'est vous qui l'avez voulu; vous m'avez amenée ici à mon corps défendant. Vous aimez la canaille, vous, mais moi je la déteste. Vous êtes-vous bien amusée, dites? Extasiez-vous donc sur les délices des champs! Trouvez-vous cette chaleur bien agréable?...

—Oui, oui, répondit la vieille, j'ai quatre-vingts ans.

—Moi, je ne les ai pas. J'étouffe. Et cette poussière, ces grès qui vous percent la plante des pieds! Tout cela est gracieux!

— Mais, ma belle, est-ce ma faute à moi

s'il fait chaud, si le chemin est mauvais, si vous avez de l'humeur?

—De l'humeur! vous n'en avez jamais, vous, je le conçois : ne vous occupant de rien, laissant agir votre famille comme il plaît à Dieu. Aussi, les fleurs dont vous avez semé votre vie ont porté leurs fruits, et des fruits précoces, on peut le dire.

—Madame, dit la marquise avec amertume, vous êtes féroce dans la colère; je le sais.

—Sans doute, Madame, reprit la comtesse, vous appelez férocité le juste orgueil d'une mère offensée.

—Et qui donc vous a offensée, bon Dieu!

—Ah! vous me le demandez. Vous ne me trouvez pas assez insultée dans la personne de ma fille, quand toute la canaille de la province a battu des mains en la voyant embrassée par un paysan, sous mes yeux, contre mon gré! quand ils diront demain : — Nous avons fait un affront sanglant à la comtesse de Raimbault!

— Quelle exagération! Quel puritanisme! Votre fille est déshonorée pour avoir été embrassée devant trois mille personnes! Le beau crime! De mon temps, Madame, et du vôtre aussi, je gage, on ne faisait pas ainsi, j'en conviens: mais on ne faisait pas mieux. D'ailleurs, ce garçon n'est pas un rustre.

—C'est bien pis, Madame; c'est un rustre enrichi; c'est un manant *éclairé*.

— Parlez donc moins haut; si l'on vous entendait!....

— Oh! vous rêvez toujours la guillotine; vous croyez qu'elle marche derrière vous, prête à vous saisir à la moindre marque de courage et de fierté. Mais je veux bien parler bas, Madame; écoutez ce que j'ai à vous dire: mêlez-vous de Valentine le moins possible, et n'oubliez pas si vite les résultats de l'éducation de *l'autre*.

— Toujours! toujours! dit la vieille femme

en joignant les mains avec angoisse. Vous ne m'épargnerez pas une occasion de réveiller cette douleur! Eh! laissez-moi mourir en paix, Madame : j'ai quatre-vingts ans.

— Tout le monde voudrait avoir cet âge, s'il autorisait tous les écarts du cœur et de la raison. Si vieille et si inoffensive que vous vous faites, vous avez encore sur ma fille et sur ma maison une influence très-grande. Faites-la servir au bien commun; éloignez Valentine de ce funeste exemple dont le souvenir ne s'est malheureusement pas éteint chez elle.

— Eh! il n'y a pas de danger! Valentine n'est-elle pas à la veille d'être mariée? Que craignez-vous ensuite?... Ses fautes, si elle en fait, ne regarderont que son mari; notre tâche sera remplie....

— Oui, Madame, je sais que vous raisonnez ainsi : je ne perdrai pas mon temps à discuter avec vos principes; mais, je vous le répète; effacez autour de vous jusqu'à la dernière trace de l'existence qui nous a souillé tous.

— Grand Dieu! Madame, avez-vous fini? Celle dont vous parlez est ma petite-fille, la fille de mon propre fils, la sœur unique et légitime de Valentine! Ce sont des titres qui me feront toujours pleurer sa faute au lieu de la maudire. Ne l'a-t-elle pas expiée cruellement! Votre haine implacable la poursuivra-t-elle sur la terre d'exil et de misère? Pourquoi cette insistance à tirailler une plaie qui saignera jusqu'à mon dernier soupir?

— Madame! écoutez-moi bien. Votre *estimable* petite-fille n'est pas si loin que vous feignez de le croire. Vous voyez que je ne suis pas votre dupe.

— Grand Dieu! s'écria la vieille femme en se redressant comme un cadavre au choc du galvanisme. Que voulez-vous dire? expliquez-vous? Ma fille! ma pauvre fille! où est-elle? dites-le moi, je vous le demande à mains jointes.

Madame de Raimbault qui venait de plaider le faux pour savoir le vrai, fut satisfaite du ton de sincérité pathétique avec lequel la marquise détruisit ses doutes.

—Vous le saurez, Madame, répondit-elle, mais pas avant moi. Je jure que je découvrirai bientôt la retraite qu'elle s'est choisie dans le voisinage, et que je l'en ferai sortir. Essuyez vos larmes : voici nos gens.

Valentine monta dans la calèche et en redescendit après avoir passé sur ses vêtemens une grande jupe de mérinos bleu qui remplaçait l'amazone trop lourde pour la saison. M. de Lansac lui présenta la main pour monter sur un beau cheval anglais, et les dames s'installèrent dans la calèche ; mais au moment où l'on voulut sortir le cheval de M. de Lansac de l'écurie, il tomba à terre et ne put se relever. Soit l'effet de la chaleur, soit la quantité d'eau qu'on lui avait laissé boire, il était en proie à de violentes coliques et absolument hors d'état de marcher. Il fallut laisser le jockey à l'auberge pour le soigner, et M. de Lansac fut forcé de monter en voiture.

— Eh bien! s'écria la comtesse, est-ce que Valentine va faire la route seule à cheval?

— Pourquoi pas? dit le comte de Lansac qui voulut épargner à Valentine le malaise de passer deux heures en présence de sa mère irritée. Mademoiselle ne sera pas seule en trottant à côté de la voiture, et nous pourrons fort bien causer avec elle. Son cheval est si sage, que je ne vois pas le moindre inconvénient à lui en laisser tout le gouvernement.

— Mais cela ne se fait guère, dit la comtesse sur l'esprit de laquelle monsieur de Lansac avait un grand ascendant.

— Tout se fait dans ce pays-ci, où il n'y a personne pour juger ce qui est convenable et ce qui ne l'est pas. Nous allons, au détour du chemin, entrer dans la Vallée-Noire où nous ne rencontrerons pas même un blaireau. D'ailleurs, il fera assez sombre dans dix minutes pour que nous n'ayons pas à craindre les regards.

Cette grave contestation terminée à l'avantage de monsieur de Lansac, la calèche s'enfonça dans une *traîne* de la vallée, Valentine la suivit au petit galop et la nuit s'épaissit.

A mesure que l'on avançait dans la vallée, la route devenait plus étroite. Bientôt il fut impossible à Valentine de la côtoyer parallèlement à la voiture. Elle se tint derrière quelque temps, mais comme les inégalités du terrain forçaient souvent le cocher à retenir brusquement ses chevaux, celui de Valentine s'effarouchait chaque fois de l'obstacle que lui faisait subitement la voiture en s'arrêtant presque sur son poitrail. Elle profita donc d'un endroit où le fossé disparaissait, pour passer devant, et alors elle galopa beaucoup plus agréablement, n'étant gênée par aucune appréhension et laissant à son vigoureux et noble cheval toute la liberté de ses mouvemens.

Le temps était délicieux; la lune n'étant pas levée, laissait encore le chemin enseveli sous ses obscurs ombrages; de temps en temps un ver luisant chatoyait dans l'herbe, un lézard rampait dans le buisson, un sphynx bourdonnait sur une fleur humide; une brise tiède s'était levée toute chargée de l'odeur de vanille qui s'exhale des champs de fèves en fleurs. La jeune Valentine, élevée tour à tour par sa sœur bannie, par sa mère orgueilleuse, par les religieuses de son couvent, par sa grand'mère étourdie et jeune, n'avait été définitivement élevée par personne. Elle s'était faite elle-même ce qu'elle était, et, faute de trouver des sympathies bien réelles dans sa famille, elle avait pris le goût de l'étude et de la rêverie. Son esprit naturellement calme, son jugement sain, l'avaient également préservée des erreurs de la société et de celles de la solitude. Livrée à des

pensées douces et pures comme son cœur,
elle savourait le bien-être de cette soirée de
mai si pleine de chastes voluptés pour une
ame poétique et jeune. Peut-être aussi son-
geait-elle à son fiancé, à cet homme qui le
premier lui avait témoigné de la confiance et
du respect, choses si douces à un cœur qui
s'estime et qui n'a pas encore été compris.
Valentine ne rêvait pas la passion, elle ne
partageait pas l'erreur commune aux jeunes
cerveaux qui la regardent comme un besoin
impérieux de leur organisation. Plus modeste, Valentine ne se croyait pas destinée
à ces énergiques et violentes épreuves; elle
se pliait facilement à la réserve dont le monde
lui faisait un devoir : elle l'acceptait comme
un bienfait plus que comme une loi. Elle se
promettait d'échapper à ces inclinations ardentes qui faisaient sous ses yeux le malheur
des autres : à l'amour du luxe auquel sa
grand'mère sacrifiait toute dignité; à l'ambition dont les espérances déçues torturaient

sa mère; à l'amour qui avait si cruellement égaré sa sœur. Cette dernière pensée amena une larme au bord de sa paupière. C'était là le seul événement de la vie de Valentine; mais il l'avait remplie, il avait influé sur son caractère, il lui avait donné à la fois de la timidité et de la hardiesse : de la timidité pour elle-même, de la hardiesse quand il s'agissait de sa sœur. Elle n'avait, il est vrai, jamais pu lui prouver le dévouement courageux dont elle se sentait animée; jamais le nom de sa sœur n'avait été prononcé par sa mère devant elle; jamais on ne lui avait fourni une seule occasion de la servir et de la défendre. Son désir en était d'autant plus vif, et cette sorte de tendresse passionnée, qu'elle nourrissait pour une personne dont l'image se présentait à elle au travers des vagues souvenirs de l'enfance, était réellement la seule affection romanesque qui eût trouvé place dans son ame.

L'espèce d'agitation que cette amitié comprimée avait mise dans son existence, s'était exaltée encore depuis quelques jours. Un bruit vague s'était répandu dans le pays que sa sœur avait été vue à huit lieues de là, dans une ville où jadis elle avait demeuré provisoirement pendant quelques mois. Cette fois elle n'y avait passé qu'une nuit et ne s'était pas nommée; mais les gens de l'auberge assuraient l'avoir reconnue. Ce bruit était arrivé jusqu'au château de Raimbault, situé à l'autre extrémité de la Vallée-Noire. Un domestique, empressé de faire sa cour, était venu en faire son rapport à la comtesse. Le hasard voulut que dans ce moment Valentine, occupée à travailler dans une pièce voisine, entendît sa mère élever la voix, prononcer un nom qui la fit tressaillir. Alors, incapable de maîtriser son inquiétude et sa curiosité, elle prêta l'oreille et pénétra le secret de la conférence. Cet incident s'était passé la veille du 1er mai; et maintenant Valentine, émue et troublée, se demandait si cette nouvelle était vraisemblable, et s'il n'était pas bien possible que l'on se fût trompé en croyant reconnaître dans une étrangère une personne exilée du pays depuis quinze ans.

En se livrant à ces réflexions, mademoiselle de Raimbault, légèrement emportée par son cheval qu'elle ne songeait point à ralentir, avait pris une avance assez considérable sur la calèche. Lorsque la pensée lui en vint, elle s'arrêta, et, ne pouvant rien distinguer dans l'obscurité, elle se pencha pour écouter; mais, soit que le bruit des roues fût amorti par l'herbe longue et humide qui croissait dans le chemin, soit que la respiration haute et pressée de son cheval impatient de cette pause empêchât un son lointain de parvenir jusqu'à elle, son oreille ne put rien saisir dans le silence solennel de la nuit. Elle retourna aussitôt sur ses pas, jugeant qu'elle s'était fort éloignée, et s'arrêta de nouveau pour écouter, après avoir fait un temps de galop sans rencontrer personne.

Mais elle n'entendit encore cette fois que le chant du grillon qui s'éveillait au lever de la lune, et les aboiemens lointains de quelque chien.

Elle poussa de nouveau son cheval jusqu'à l'embranchement de deux chemins qui formaient comme une fourche devant elle. Elle essaya de reconnaître celui par lequel elle était venue; mais l'obscurité rendait toute observation impossible. Le plus sage eût été d'attendre en cet endroit l'arrivée de la calèche qui ne pouvait manquer de s'y rendre par l'un ou l'autre chemin. Mais la peur commençait à troubler le raisonnement de la jeune fille : rester en place dans cet état d'inquiétude lui semblait la pire situation. Elle s'imagina que son cheval aurait l'instinct de se diriger vers ceux de la voiture, et que l'odorat le guiderait à défaut de la mémoire. Le cheval, livré à sa propre décision, prit à gauche après une course inutile et de plus en plus incertaine; Valentine crut reconnaître un gros arbre qu'elle avait remarqué dans la matinée. Cette lueur d'espoir lui rendit un peu de courage; elle sourit même de sa poltronnerie, et pressa le pas de son cheval.

Cependant elle remarqua que le chemin descendait de plus en plus rapidement vers le fond de la vallée. Elle ne connaissait point le pays qu'elle avait à peu près abandonné depuis son enfance, et pourtant il lui sembla que dans la matinée elle avait côtoyé la partie la plus élevée du terrain. L'aspect du paysage avait changé; la lune, qui s'élevait lentement à l'horizon, jetait des lueurs transversales dans les interstices des branches, et Valentine pouvait distinguer des objets qui ne l'avaient pas frappée précédemment : le chemin était plus large, plus découvert, plus défoncé par les pieds des bestiaux et les roues des chariots; de gros saules ébranchés se dressaient aux deux côtés de la haie, et, dessinant sur le ciel leurs mutilations bizarres, semblaient autant de créations fantastiques et hideuses toutes prêtes à mouvoir leurs têtes monstrueuses et leurs corps privés de bras.

VI

Tout-a-coup Valentine entendit un bruit sourd et prolongé semblable au roulement d'une voiture. Elle quitta le chemin, et se dirigea à travers un sentier vers le lieu d'où partait ce bruit. Il augmentait toujours, mais il changeait de nature, et si Valentine eût pu percer le dôme de pommiers en fleurs où se glissaient les rayons de la lune, elle eût vu la ligne blanche et brillante de la rivière qui s'élançait dans une écluse à quelque distance. Cependant la fraîcheur croissante de l'atmosphère et une douce odeur de menthe lui révélèrent le rivage de l'Indre. Elle jugea qu'elle s'était écartée considérablement de son chemin, mais elle se décida à descendre le cours de l'eau, espérant trouver bientôt un moulin ou une chaumière où elle pût demander des renseignemens. En effet, elle s'arrêta devant une vieille grange isolée et sans lumière que les aboiemens d'un chien enfermé dans le clos lui firent supposer habitée. Elle appela en vain, personne ne bougea. Elle fit approcher son cheval de la porte et frappa avec le pommeau d'acier de sa cravache. Un bêlement plaintif lui répondit : c'était une bergerie. Et dans ce pays là, comme il n'y a ni loups ni voleurs, il n'y a point non plus de bergers. Valentine continua son chemin.

Son cheval, comme s'il eût partagé le sentiment de découragement qui s'était emparé d'elle, se mit à marcher lentement et avec négligence. De temps en temps il heurtait son sabot retentissant contre un caillou d'où jaillissait un éclair, ou il alongeait sa bouche altérée vers les petites pousses tendres des ormilles.

Tout d'un coup, dans ce silence, dans cette campagne déserte, sur ces prairies qui n'avaient jamais ouï d'autre mélodie que le pipeau de quelque enfant désœuvré, ou la chanson rauque et graveleuse d'un meunier attardé, tout-à-coup, dis-je, au murmure de l'eau et aux soupirs de la brise, vint se joindre une voix pure, suave, enchanteresse, une voix d'homme, jeune et nerveuse comme celle d'un hautbois. Elle chantait un air du pays bien simple, bien lent, bien triste comme ils le sont tous. Mais comme elle le chantait! Certes ce n'était pas un villageois qui savait ainsi poser et moduler les sons. Ce n'était pas non plus un chanteur de profession, qui s'abandonnait ainsi à la pureté du rythme, sans ornement et sans système. C'était quelqu'un qui sentait la musique et qui ne la savait pas ; ou, s'il la savait, c'était le premier chanteur du monde, car il ne paraissait pas la savoir, et sa mélodie, comme une voix des élémens, s'élevait vers les cieux sans autre poésie que celle du sentiment. Si dans une forêt vierge, loin des œuvres de l'art, loin des quinquets de l'orchestre et des réminiscences de Rossini ; parmi ces sapins alpestres où jamais le pied de l'homme n'a laissé d'empreinte, les créations idéales de Manfred venaient à se réveiller, c'est ainsi qu'elles chanteraient, pensa Valentine.

Elle avait laissé tomber les rênes, son cheval broutait les marges du sentier ; Valentine n'avait plus peur, elle était sous le charme de ce chant mystérieux, et son émotion était si douce qu'elle ne songeait point à s'étonner de l'entendre en ce lieu et à cette heure.

Le chant cessa : Valentine crut avoir fait un rêve ; puis il recommença en se rapprochant, et chaque instant l'apportait plus net à l'oreille de la belle voyageuse ; mais il s'éteignit encore, et elle ne distingua plus que le trot d'un cheval. A la manière lourde et décousue dont il rasait la terre, il était facile d'affirmer que c'était le cheval d'un paysan.

Valentine eut un sentiment de peur en songeant qu'elle allait se trouver dans cet endroit isolé, tête-à-tête avec un homme qui pouvait bien être un rustre, un ivrogne, car était-ce lui qui venait de chanter, ou le bruit de sa marche avait-il fait envoler le sylphe mélodieux ? Cependant il valait mieux l'aborder que de passer la nuit dans les champs. Valentine songea que dans le cas d'une insulte, son cheval avait de meilleures jambes que celui qui venait à elle, et cherchant à se donner une assurance qu'elle n'avait pas, elle marcha droit à lui.

— Qui va là ? cria une voix ferme.

—Valentine de Raimbault, répondit la jeune fille qui n'était peut-être pas tout-à-fait étrangère à l'orgueil de porter le nom le plus honoré du pays. Cette petite vanité n'avait rien de ridicule puisqu'elle tirait toute sa considération des vertus et de la bravoure de son père.

—Mademoiselle de Raimbault! toute seule! ici! reprit le voyageur. Et où donc est M. de Lansac?... Est-il tombé de cheval?... Est-il mort?....

—Non, grâce au ciel! répondit en souriant Valentine rassurée par cette voix qu'elle croyait reconnaître. Mais si je ne me trompe pas, Monsieur, l'on vous nomme Bénédict, et nous avons dansé ce matin ensemble.

Bénédict tressaillit. Il trouva qu'il n'y avait pas de pudeur à rappeler une circonstance si délicate, et dont la seule pensée en ce moment et dans cette solitude faisait refluer tout son sang vers sa poitrine de jeune homme. Mais l'extrême candeur ressemble parfois à de l'effronterie. Le fait est que Valentine, absorbée par l'agitation de sa course nocturne, avait complètement oublié l'anecdote du baiser. Elle s'en souvint au ton dont Bénédict lui répondit :

— Oui, Mademoiselle, je suis Bénédict.

— Eh! bien, dit-elle, rendez-moi le service de me remettre dans mon chemin.

Et elle lui raconta comment elle s'était égarée.

— Vous êtes à une lieue de la route que vous deviez tenir, lui répondit-il ; et pour la rejoindre il faut que vous passiez par la ferme de Grangeneuve. Comme c'est là que je dois me rendre, j'aurai l'honneur de vous servir de guide : peut-être retrouverons-nous à l'entrée de la route la calèche qui vous aura attendue.

— Cela n'est pas probable, reprit Valentine ; ma mère qui m'a vue passer devant croit sans doute que je dois arriver au château avant elle.

—En ce cas, Mademoiselle, si vous le permettez, je vous accompagnerai jusque chez vous. Mon oncle serait sans doute un guide plus convenable : mais il n'est point revenu de la fête, et je ne sais à quelle heure il rentrera.

Valentine pensa tristement au redoublement de colère que cette circonstance causerait à sa mère; mais, comme elle était fort innocente de tous les événemens de cette journée, elle accepta l'offre de Bénédict avec une franchise qui commandait l'estime. Bénédict fut touché de ses manières simples et douces. Ce qui l'avait choqué d'abord en elle, cette aisance qu'elle devait à l'idée de supériorité sociale où on l'avait élevée, finit par le gagner. Il trouva qu'elle était fille noble de bonne foi, sans morgue et sans fausse humilité. Elle était comme le terme moyen entre sa mère et sa grand'mère. Elle savait se faire respecter sans offenser jamais. Bénédict était surpris de ne plus sentir auprès d'elle cette timidité, ces palpitations qu'un homme de vingt ans, élevé loin du monde, éprouve toujours dans le tête-à-tête d'une femme jeune et belle. Il en conclut que mademoiselle Raimbault avec sa beauté calme et son caractère candide était digne d'inspirer une amitié solide. Aucune pensée d'amour ne lui vint auprès d'elle.

Après quelques questions réciproques, relatives à l'heure, à la route, à la bonté de leurs chevaux, Valentine demanda à Bénédict si c'était lui qui avait chanté. Bénédict savait qu'il chantait admirablement bien, et ce fut avec une secrète satisfaction qu'il se ressouvint d'avoir fait entendre sa voix dans la vallée. Néanmoins, avec cette profonde hypocrisie que nous donne l'amour-propre, il répondit négligemment :

— Avez-vous entendu quelque chose? C'était moi, je pense, ou les grenouilles des roseaux.

Valentine garda le silence. Elle avait tant admiré cette voix, qu'elle craignait d'en dire trop ou trop peu. Cependant, après une pause, elle lui demanda ingénuement :

— Et où avez-vous appris à chanter ?

— Si j'avais du talent, je serais en droit de répondre que cela ne s'apprend pas ; mais, chez moi, ce serait une fatuité. J'ai pris quelques leçons à Paris.

— C'est une belle chose que la musique ! reprit Valentine.

Et à propos de musique ils parlèrent de tous les arts.

— Je vois que vous êtes extrêmement musicienne, dit Bénédict à une remarque assez savante qu'elle venait de faire.

— On m'a appris cela comme on m'a tout appris, répondit-elle, c'est-à-dire superficiellement. Mais comme j'avais le goût et l'instinct de cet art, je l'ai facilement compris.

— Et sans doute vous avez un grand talent ?

— Moi! Je joue des contredanses. Voilà tout.

— Vous n'avez pas de voix?

— J'ai de la voix, j'ai chanté, et l'on trouvait que j'avais des dispositions; mais j'y ai renoncé.

— Comment! avec l'amour de l'art?

— Oui, je me suis livrée à la peinture que j'aimais beaucoup moins, et pour laquelle j'avais moins de facilité.

— Cela est étrange.

— Non. Dans le temps où nous vivons, il faut une spécialité. Notre rang, notre fortune ne tiennent à rien. Dans quelques années peut-être la terre de Raimbault, mon patrimoine, sera un bien de l'État, comme elle l'a été il n'y a pas un demi-siècle. L'éducation qu'on nous donne est misérable : on nous donne les élémens de tout, et l'on ne nous permet pas de rien approfondir. On veut que nous soyons instruites; mais du jour où nous deviendrions savantes, nous serions ridicules. On nous élève toujours pour être riches, jamais pour être pauvres. L'éducation si bornée de nos aïeules valait beaucoup mieux; du moins elles savaient tricoter. La Révolution les a trouvées femmes médiocres, elles se sont résignées à vivre en femmes médiocres. Elles ont fait sans répugnance du filet pour vivre : que ferions-nous, nous autres qui savons imparfaitement l'anglais, le dessin et la musique? Nous qui faisons des peintures en laque, des écrans à l'aquarelle, des fleurs en velours, et vingt autres futilités ruineuses que les mœurs somptuaires d'une république repousseraient de la consommation? Laquelle de nous s'abaissera sans douleur à une profession mécanique? Car sur vingt d'entre nous, il n'en est souvent pas une qui possède à fond une connaissance quelconque. Je ne sache qu'un état qui leur convienne, c'est d'être femmes de chambre. J'ai senti de bonne heure, aux récits de ma grand'mère et à ceux de ma mère (deux existences si opposées : l'émigration et l'Empire, Coblentz et Marie-Louise!), que je devais me garantir des malheurs de l'une, des prospérités de l'autre. Et quand j'ai été à peu près libre de suivre mon opinion, j'ai élagué de mes talens ceux qui ne pouvaient me servir à rien. Je me suis adonnée à un seul, parce que j'ai remarqué que, quels que fussent les temps et les modes, une personne qui faisait très-bien une chose se soutenait toujours dans la société.

— Vous pensez donc que la peinture sera moins négligée, moins inutile que la musique dans les mœurs lacédémoniennes que vous prévoyez, puisque vous l'avez rigidement embrassée contre votre vocation?

— Peut-être; mais ce n'est pas là la question. Comme profession, la musique ne m'eût pas convenue : elle met une femme trop en évidence; elle la pousse sur le théâtre ou dans les salons : elle en fait une actrice ou une subalterne à qui l'on confie l'éducation d'une demoiselle de province. La peinture donne plus de liberté; elle permet une existence plus retirée, et les jouissances qu'elle procure doublent de prix dans la solitude. J'imagine que vous ne désapprouverez plus mon choix?.... Mais allons un peu plus vite, je vous prie, ma mère m'attend peut-être avec inquiétude.

Bénédict, plein d'estime et d'admiration pour le bon sens de cette jeune fille, flatté de la confiance avec laquelle elle lui exposait ses pensées et son caractère, doubla le pas à regret. Mais comme la ferme de Grangeneuve étalait son grand pignon blanc au clair de la lune, une idée subite vint le frapper. Il s'arrêta brusquement, et, dominé par cette pensée qui l'agitait, il avança machinalement le bras pour arrêter le cheval de Valentine.

—Qu'est-ce? lui dit-elle en retenant sa monture. N'est-ce pas par ici?

Bénédict resta plongé dans un grand embarras. Puis tout d'un coup prenant courage :

— Mademoiselle, dit-il, ce que j'ai à vous dire me cause une grande anxiété, parce que je ne sais pas bien comment vous l'accueillerez venant de moi. C'est la première fois de ma vie que je vous parle, et le ciel m'est témoin que je sortirai d'auprès de vous pénétré de vénération. Cependant ce peut être aussi la seule, la dernière fois que j'aurai ce bonheur; et si ce que j'ai à vous annoncer vous offense, il vous sera facile de ne jamais rencontrer la figure d'un homme qui aura eu le malheur de vous déplaire.....

Ce début solennel jeta autant de crainte que de surprise dans l'esprit de Valentine. Bénédict avait dans tous les temps une physionomie particulièrement bizarre. Son esprit avait la même teinte de singularité. Elle s'en était aperçue dans l'entretien qu'ils venaient d'avoir ensemble. Ce talent supérieur pour la musique, ces traits dont on ne pouvait saisir l'expression dominante, cet esprit cultivé et déjà sceptique à propos de tout, faisaient de lui un être étrange aux yeux de Valentine, qui n'avait jamais eu aucun rapport aussi direct avec un jeune homme d'une autre classe que la sienne. L'espèce de préface qu'il venait de lui débiter lui causa donc de l'épouvante. Quoique étrangère à de prudes vanités, elle craignit une déclaration, et n'eut pas la présence d'esprit de répondre un seul mot.

— Je vois que je vous effraie, Mademoiselle, reprit Bénédict. C'est que dans la position délicate où je me trouve jeté par le hasard, je n'ai pas assez d'usage ou pas assez d'esprit pour me faire comprendre à demi-mot.

Ces paroles augmentèrent l'effroi et l'erreur de Valentine.

—Monsieur, lui dit-elle, je ne pense pas que vous puissiez avoir à me dire quelque chose que je puisse entendre après l'aveu que vous faites de votre embarras. Puisque vous craignez de m'offenser, je dois craindre de vous laisser commettre une gaucherie. Brisons là, je vous prie; et comme me voici dans mon chemin, agréez mes remerciemens, et ne prenez pas la peine d'aller plus loin....

— J'aurais dû m'attendre à cette réponse, dit Bénédict profondément offensé. J'aurais dû moins compter sur ces apparences de raison et de sensibilité que je voyais chez mademoiselle de Raimbault....

Valentine ne daigna pas lui répondre. Elle lui jeta un froid salut, et, toute épouvantée de la situation où elle se trouvait, elle piqua des deux.

Bénédict consterné la regardait fuir. Tout d'un coup il se frappa la tête avec dépit.

— Je ne suis qu'un animal stupide, s'écria-t-il; elle ne me comprend pas!

Et faisant sauter le fossé à son cheval, il coupe à angle droit l'enclos que Valentine côtoyait. En trois minutes il se trouve vis-à-vis d'elle et lui barre le chemin. Valentine eut tellement peur qu'elle faillit tomber à la renverse.

VII

Mais Bénédict se jette à bas de son cheval.
— Mademoiselle, s'écrie-t-il, je tombe à vos genoux. N'ayez pas peur de moi. Vous voyez bien qu'à pied je ne puis vous poursuivre. Daignez m'écouter un moment. Je ne

suis qu'un sot : je vous ai fait une mortelle injure en m'imaginant que vous ne vouliez pas me comprendre ; et comme en voulant vous préparer je ne ferais qu'accumuler sottise sur sottise, je vais droit au but. N'avez-vous pas entendu parler dernièrement d'une personne qui vous est chère ?

— Ah ! parlez, s'écria Valentine avec un cri parti du cœur.

— Je le savais bien, dit Bénédict avec joie, vous l'aimez, vous la plaignez : on ne nous a pas trompés ; vous désirez la revoir, vous seriez prête à lui tendre les bras ; n'est-ce pas, Mademoiselle, que tout ce qu'on dit de vous est vrai !

Il ne vint pas à la pensée de Valentine de se méfier de la sincérité de Bénédict. Il venait de toucher la corde la plus sensible de son ame ; la prudence ne lui eût plus paru que de la lâcheté : c'est le propre des générosités enthousiastes.

— Si vous savez où elle est, Monsieur, s'écria-t-elle en joignant les mains, béni soyez-vous, car vous allez me l'apprendre.

— Je ferai peut-être une chose coupable aux yeux de la société, car je vous détournerai de l'obéissance filiale. Et pourtant je vais le faire sans remords; l'amitié que j'ai pour cette personne m'en fait un devoir, et l'admiration que j'ai pour vous me fait croire que vous ne me le reprocherez jamais. Ce matin elle a fait quatre lieues à pied dans la rosée des prés, sur les cailloux des guérets, enveloppée d'une mantille de paysanne, pour vous apercevoir à votre fenêtre ou dans votre jardin. Elle est revenue sans y avoir réussi. Voulez-vous la dédommager ce soir, et la payer de toutes les peines de sa vie?

— Conduisez-moi vers elle, Monsieur, je vous le demande au nom de ce que vous avez de plus cher en ce monde.

— Eh bien! dit Bénédict, fiez-vous à moi. Vous ne devez point vous montrer à la ferme. Quoique mes parens en soient encore absens, les serviteurs vous verraient, ils parleraient, et demain votre mère, informée de cette visite, exercerait de nouvelles persécutions contre votre sœur. Laissez-moi attacher votre cheval avec le mien sous ces arbres, et suivez-moi.

Valentine sauta légèrement à terre sans attendre que Bénédict lui offrît la main. Mais à peine y fut-elle, que l'instinct du danger, naturel aux femmes les plus pures, se réveilla en elle : elle eut peur. Bénédict attacha les chevaux sous un massif d'érables touffus. En revenant vers elle il s'écria d'un ton de franchise :

—Oh ! qu'elle va être heureuse, et qu'elle s'attend peu aux joies qui s'approchent d'elle !

Ces paroles rassurèrent Valentine. Elle suivit son guide dans un sentier tout humide de la rosée du soir jusqu'à l'entrée d'une chenevière dont un fossé formait la clôture. Il fallait passer sur une planche toute tremblante. Bénédict sauta dans le fossé et lui servit d'appui tandis que Valentine la franchissait.

— Ici, Perdreau! à bas! taisez-vous! dit-il à un gros chien qui s'avançait sur eux en grondant, et qui, en reconnaissant son maître, fit autant de bruit par ses caresses que par sa méfiance.

Bénédict le renvoya d'un coup de pied, et fit entrer sa compagne émue dans le jardin de la ferme situé sur le derrière des bâtimens, comme dans toutes les habitations rustiques. Ce jardin était fort touffu. Les ronces, les rosiers, les arbres fruitiers y croissaient pêle-mêle, et leurs pousses vigoureuses, que ne mutilait jamais le ciseau du jardinier, s'entrecroisaient sur les allées jusqu'à les rendre impraticables. Valentine accrochait sa longue jupe d'amazone à toutes les épines; l'obscurité profonde causée par toute cette libre végétation, augmentait son embarras, et l'émotion violente qu'elle éprouvait dans un tel moment lui ôtait presque la force de marcher.

— Si vous voulez me donner la main, lui dit son guide, nous irons plus vite.

Valentine avait perdu son gant dans cette agitation. Elle mit sa main nue dans celle de Bénédict. Pour une jeune fille élevée comme elle, c'était une étrange situation. Le jeune homme marchait devant elle, l'attirant doucement après lui, et écartant avec soin les branches avec son autre bras pour qu'elles ne vinssent pas fouetter le visage de sa belle compagne.

— Mon Dieu! comme vous tremblez, lui dit-il en lâchant sa main lorsqu'ils eurent atteint un endroit découvert.

— Ah! Monsieur, c'est de joie et d'impatience, répondit Valentine.

Il restait encore un obstacle à franchir. Bénédict n'avait pas la clef du jardin, il fallait pour en sortir sauter une haie vive. Il lui proposa de l'aider, et il fallut bien accepter.

Alors le neveu du fermier prit dans ses bras la fiancée du comte de Lansac. Il porta des mains émues sur sa taille charmante, il respira de près son haleine entrecoupée, et cela dura assez long-temps, car la haie était large, hérissée de joncs épineux; les pierres du glacis croulaient, et Bénédict n'avait pas bien toute sa présence d'esprit.

Cependant, honneur à la pudique timidité de cet âge! Son imagination alla beaucoup moins loin que la réalité, et la peur de manquer à sa conscience lui ôta le sentiment de son bonheur.

Arrivés à la porte de la maison, Bénédict poussa le loquet sans bruit, fit entrer Valentine dans la salle basse, et s'approcha du foyer à tâtons. Il eut bientôt allumé un flambeau, et montrant à mademoiselle de Raimbault un escalier de bois assez semblable à une échelle, il lui dit :

— C'est là.

Il se jeta sur une chaise, s'installa en sentinelle, et la pria de ne pas rester plus d'un quart-d'heure absente.

Fatiguée de sa longue course de la matinée, Louise s'était endormie de bonne heure. La petite chambre qu'elle occupait était une des plus mauvaises de la ferme ; mais comme elle y passait pour une pauvre parente que les Lhéry avaient long-temps assistée en Poitou, elle n'avait pas voulu qu'on détruisît l'erreur des domestiques du fermier en lui faisant une réception brillante. Elle s'était volontairement accommodée d'une sorte de petit grenier dont la lucarne donnait sur le plus ravissant aspect de prairies et d'îlots, coupé par les sinuosités de l'Indre, et planté des plus beaux arbres. On lui avait composé à la hâte un assez bon lit sur un méchant grabat; des bottes de pois séchaient sur une claie, des grappes d'oignons dorés pendaient au plancher, des pelotons de fil bis dormaient au fond d'un dévidoir invalide. Louise, élevée dans l'opulence, trouvait du charme dans ces attributs de la vie champêtre. A la grande surprise de madame Lhéry, elle avait voulu laisser à sa chambrette cet air de désordre et d'encombrement rustique qui lui rappelait les peintures flamandes de Van-Ostade et de Gérard Dow. Mais les objets qu'elle aimait le mieux dans ce modeste réduit, c'étaient un vieux rideau de perse à ramages fanés, et deux antiques fauteuils de point dont les bois avaient été jadis dorés. Par le plus grand hasard du monde, ces meubles avaient été réformés du château environ dix années auparavant, et Louise les reconnut pour les avoir vus dans son enfance. Elle versa des larmes, et faillit les embrasser comme de vieux amis, en se rappelant combien de fois, dans ces heureux jours de calme et d'ignorance à jamais perdus, elle s'était blottie, petite fille blonde et rieuse, dans les larges bras de ces vieux fauteuils.

Ce soir-là elle s'était endormie en regardant machinalement les fleurs du rideau, et cette vue avait apporté à sa mémoire tous les menus détails de sa vie passée. Après un long exil, cette vive sensation de ses anciennes douleurs, de ses anciennes joies se réveillait avec force. Elle se croyait au lendemain des événemens qu'elle avait expiés et pleurés dans un triste pélerinage de quinze années. Elle s'imaginait revoir, derrière ce rideau que le vent agitait au travers des joints déjetés de la fenêtre, toute la scène brillante et magique de ses jeunes années, la tourelle de son vieux manoir, les chênes séculaires du grand parc, la chèvre blanche qu'elle avait aimée, le champ où elle avait cueilli des bluets. Quelquefois l'image de sa grand'mère, débonnaire et égoïste créature, se dressait devant elle avec des larmes dans les yeux comme au jour de son bannissement. Mais ce cœur, qui ne savait aimer qu'à demi, se refermait pour elle, et cette apparition consolante s'éloignait avec indifférence et légèreté.

La seule image pure et toujours délicieuse

de ce tableau fantasmagorique, c'était celle de Valentine, de ce bel enfant de quatre ans, aux longs cheveux dorés, aux joues vermeilles et satinées, que Louise avait connu. Elle la voyait encore courir au travers des blés plus hauts qu'elle, comme une perdrix dans un sillon; se jeter dans ses bras avec ce rire expansif et caressant de l'enfance qui fait venir des larmes dans les yeux de la personne aimée; passer ses mains rondelettes et blanches sur le cou de sa sœur, et l'entretenir de ces mille riens naïfs dont se compose la vie d'un enfant, dans ce langage primitif, rationnel et piquant qui nous charme et nous surprend toujours. Depuis ce temps-là, Louise avait été mère; elle avait aimé l'enfance non plus comme un amusement, mais comme un sentiment. Cet amour d'autrefois pour sa petite sœur s'était réveillé plus intense et plus maternel avec celui qu'elle avait connu pour son fils. Elle se la représentait toujours telle qu'elle l'avait laissée, et quand on lui disait qu'elle était maintenant une grande et belle personne plus robuste et plus élancée qu'elle, Louise ne pouvait parvenir à le croire plus d'un instant : bientôt son imagination se reportait à la petite Valentine, et elle formait le souhait de la tenir sur ses genoux.

Cette riante et fraîche apparition se mêlait à tous ses rêves depuis que tous ses jours étaient occupés à chercher le moyen de la voir. Au moment où Valentine monta légèrement l'échelle et souleva la trape qui servait d'entrée à sa chambre, Louise croyait voir, au milieu des roseaux qui bordent l'Indre, Valentine, sa Valentine de quatre ans, courant après les longues demoiselles bleues qui rasent l'eau du bout de leurs ailes. Tout-à-coup l'enfant tombait dans la rivière. Louise s'élançait pour la ressaisir; mais madame de Raimbault, la fière comtesse, sa belle-mère, son inflexible ennemie, apparaissait, et repoussant ses efforts, laissait périr l'enfant.

— Ma sœur! cria Louise d'une voix étouffée en se débattant contre les chimères de son pénible sommeil.

— Ma sœur! répondit une voix inconnue et douce comme celle des anges que nous entendons chanter dans nos songes.

Louise, en se dressant sur son chevet, perdit le mouchoir de soie qui retenait ses longs cheveux bruns. Dans ce désordre, pâle, effrayée, éclairée par un rayon de la lune qui perçait furtivement entre les fentes du rideau, elle se pencha vers la voix qui l'appelait. Deux bras l'enlacent, une bouche fraîche et jeune couvre ses joues de saintes caresses; Louise, interdite, se sent inondée de larmes et de baisers : Valentine, près de défaillir, se laisse tomber, épuisée d'émotion, sur le lit de sa sœur. Quand Louise comprit que ce n'était plus là un rêve; que Valentine était dans ses bras; qu'elle y était venue; que son cœur était rempli de tendresse et de joie comme le sien, elle ne put exprimer ce qu'elle sentait que par des étreintes et des sanglots. Enfin quand elles purent se parler :

— C'est donc toi ? s'écria Louise ; toi que j'ai si long-temps rêvée !

— C'est donc vous ? s'écria Valentine ; vous qui m'aimez encore !

— Pourquoi ce *vous ?* dit Louise, ne sommes-nous pas sœurs ?

— Oh ! c'est que vous êtes ma mère aussi ! répondit Valentine. Oh ! allez, je n'ai rien oublié ! Vous êtes encore présente à ma mémoire comme si c'était hier : je vous aurais reconnue entre mille. Oh ! oui, c'est vous, c'est bien vous ! Voilà vos grands cheveux bruns dont je crois voir encore les bandeaux sur votre front ; voilà vos petites mains blanches et menues ; voilà votre teint pâle : c'est ainsi que je m'imaginais que vous étiez !

— Oh ! Valentine ! ma Valentine ! écarte donc ce rideau que je te voie aussi. Oh ! ils me l'avaient bien dit que tu étais belle ! mais tu l'es cent fois plus qu'ils n'ont pu l'exprimer. Tu es toujours blonde, toujours blanche; voilà tes yeux bleus si doux, ton sourire si caressant! C'est moi qui t'ai élevée, Valentine, tu t'en souviens! C'est moi qui préservais ton teint du hâle et des gerçures; c'est moi qui prenais soin de tes cheveux et qui les roulais chaque jour en spirales dorées ; c'est à moi que tu dois d'être restée si belle, Valentine! car ta mère ne s'occupait guère de toi : moi seule je veillais sur tous tes instans....

— Oh! je le sais, je le sais! Je me rappelle encore les chansons avec lesquelles vous m'endormiez; je me souviens qu'à mon réveil je trouvais toujours votre visage penché vers le mien. Oh! comme je vous ai pleurée, Louise! Comme j'ai été long-temps sans savoir me passer de vous! Comme je repoussais les soins des autres femmes! Ma mère ne m'a jamais pardonné l'espèce de haine que je lui témoignais alors, parce que ma nourrice m'avait dit:
— Ta pauvre sœur s'en va, c'est ta mère qui

la chasse. — Oh! Louise, Louise! vous m'êtes enfin rendue!

— Et nous ne nous séparerons plus, n'est-ce pas? s'écria Louise; nous trouverons le moyen de nous voir souvent, de nous écrire? Tu ne te laisseras pas effrayer par les menaces? Nous ne redeviendrons jamais étrangères l'une à l'autre?

— Est-ce que nous l'avons jamais été? répondit-elle. Est-ce que cela est au pouvoir de quelqu'un? Tu me connais bien mal, Louise, si tu crois que l'on pourra te bannir de mon cœur quand on ne l'a pas pu même dès les jours de ma faible enfance. Mais sois tranquille, nos maux sont finis. Dans un mois je serai mariée. J'épouse un homme doux, sensible, raisonnable, à qui j'ai parlé de toi souvent, qui approuve ma tendresse, et qui me permettra de vivre auprès de toi. Alors, Louise, tu n'auras plus de chagrin, n'est-ce pas? Tu oublieras tes malheurs en les répandant dans mon sein. Tu élèveras mes enfans si j'ai le bonheur d'être mère : nous croirons revivre en eux.... Je sécherai toutes tes larmes. Je consacrerai ma vie à réparer toutes les souffrances de la tienne.

—Sublime enfant, cœur d'ange! dit Louise en pleurant de joie; ce jour les efface toutes. Va, je ne me plaindrai pas du sort qui m'a donné un tel instant de joie ineffable! Et n'as-tu pas adouci déjà pour moi les années d'exil? Tiens, vois! dit-elle en prenant sous son chevet un petit paquet soigneusement enveloppé d'un carré de velours, reconnais-tu ces quatre lettres? C'est toi qui me les as écrites à diverses époques de notre séparation. J'étais en Italie quand j'ai reçu celle-ci. Tu n'avais pas dix ans....

—Oh! je m'en souviens bien! dit Valentine. J'ai les vôtres aussi. Je les ai tant relues, tant baignées de mes larmes! Celle-là, tenez, je vous l'ai écrite du couvent. Comme j'ai tremblé, comme j'ai tressailli de peur et de joie, quand une femme que je ne connaissais pas me remit la vôtre au parloir! Elle me la glissa avec un signe d'intelligence, en me donnant des friandises qu'elle feignait d'apporter de la part de ma grand'mère. Et quand, deux ans après, étant aux environs de Paris, j'aperçus contre la grille du jardin une femme qui avait l'air de demander l'aumône, quoique je ne l'eusse vue qu'une seule fois, qu'un seul instant, je la reconnus tout de suite. Je lui dis : — Vous avez une lettre pour moi? — Oui, me dit-elle, et je viendrai chercher la réponse demain. — Alors je courus m'enfermer dans ma chambre; mais on m'appela, on me surveilla tout le reste de la journée. Le soir ma gouvernante resta auprès de mon lit à travailler jusqu'à près de minuit. Il fallut que je feignisse de dormir tout ce temps. Et quand elle me laissa pour passer dans sa chambre, elle emporta la lumière. Avec combien de peine et de précautions je parvins à me procurer une allumette, un flambeau, et tout ce qu'il fallait pour écrire sans faire de bruit, sans éveiller ma surveillante! J'y réussis cependant; mais je laissai tomber quelques gouttes d'encre sur mon drap, et le lendemain je fus questionnée, menacée, grondée! Avec quelle impudence je sus mentir! Comme je subis de bon cœur la pénitence qui me fut infligée! La vieille femme revint, et demanda à me vendre un petit chevreau. Je lui remis la lettre, et j'élevai la chèvre, quoiqu'elle ne me vînt pas directement de vous; je l'aimais à cause de vous.

O Louise! je vous dois peut-être de n'avoir pas un mauvais cœur; on a tâché de dessécher le mien de bonne heure; on a tout fait pour éteindre le germe de ma sensibilité: mais votre image chérie, vos tendres caresses, votre bonté pour moi, avaient laissé dans ma mémoire des traces ineffaçables. Vos lettres vinrent réveiller en moi le sentiment de reconnaissance que vous y aviez laissé : ces quatre lettres marquèrent quatre époques bien senties dans ma vie, chacune d'elles m'inspira plus fortement la volonté d'être bonne, la haine de l'intolérance, le mépris des préjugés, et j'ose dire que chacune d'elles marqua un progrès dans mon existence morale. Louise, ma sœur, c'est vous qui réellement m'avez élevée jusqu'à ce jour.

— Tu es un ange de candeur et de vertu, s'écria Louise ; c'est moi qui devrais être à tes genoux....

— Eh! vite, cria la voix de Bénédict au bas de l'escalier, séparez-vous : mademoiselle de Raimbault, M. de Lansac vous cherche.

VIII

Valentine s'élança hors de la chambre ; l'arrivée de M. de Lansac était pour elle un incident agréable. Elle voulait lui faire prendre part à son bonheur : mais, à son grand déplaisir, Bénédict lui apprit qu'il l'avait dérouté en lui répondant qu'il n'avait pas entendu parler de mademoiselle de Raimbault depuis la fête. Bénédict s'excusa en disant qu'il ne savait pas quelles étaient les intentions de M. de Lansac à l'égard de Louise. Mais au fond du cœur il avait éprouvé je ne sais quelle joie maligne à envoyer ce pauvre fiancé courir les champs au milieu de la nuit, tandis que lui, Bénédict, tenait la fiancée sous sa garde.

— Quoi qu'il en soit, lui dit-il, ce mensonge est peut-être maladroit, mais je l'ai fait dans de bonnes intentions, et il n'est plus temps d'en revenir pour ce soir. Permettez-moi, Mademoiselle, de vous engager à retourner au château tout de suite, je vous accompagnerai jusqu'à la porte du parc, et vous direz qu'après vous être égarée, le hasard vous a fait retrouver votre chemin toute seule.

— Sans doute, répondit Valentine troublée, c'est ce qu'il y a de moins inconvenant à faire après avoir trompé et renvoyé M. de Lansac. Mais si nous le rencontrons?

— Je dirai, reprit vivement Bénédict, que, prenant part à sa peine, je suis monté à cheval pour l'aider à vous retrouver, et que le hasard m'a mieux servi que lui.

Valentine était bien un peu tourmentée de toutes les conséquences de cette aventure, mais après tout, il n'était guère en son pouvoir de s'en occuper. Louise avait jeté une pelisse sur ses épaules, et elle était descendue avec elle dans la salle. Là, saisissant le flambeau que Bénédict avait à la main, elle l'approcha du visage de sa sœur pour la bien voir, et l'ayant contemplée avec ravissement :

— Mon Dieu! s'écria-t-elle avec enthousiasme en s'adressant à Bénédict; voyez donc comme elle est belle, ma Valentine!

Valentine rougit, et Bénédict plus qu'elle encore. Louise était trop livrée à sa joie pour deviner leur embarras. Elle la couvrit de caresses, et quand Bénédict voulut l'arracher de ses bras, elle l'accabla de reproches. Mais passant subitement à un sentiment plus juste, elle se jeta avec effusion au cou de son jeune ami en lui disant que tout son sang ne paierait pas le bonheur qu'il venait de lui donner.

— Pour votre récompense, ajouta-t-elle, je vais la prier de faire comme moi ; veux-tu, Valentine, donner aussi un baiser de sœur à ce pauvre Bénédict, qui, se trouvant seul avec toi, s'est souvenu de Louise ?

— Mais, dit Valentine en rougissant, ce sera donc pour la seconde fois aujourd'hui ?

— Et pour la dernière de ma vie, dit Bénédict en pliant un genou devant la jeune comtesse. Que celui-ci efface toute la souffrance que j'ai partagée en obtenant le premier malgré vous.

La belle Valentine reprit sa sérénité, mais avec une noble pudeur sur le front, elle leva les yeux au ciel.

— Dieu m'est témoin, dit-elle, que du fond de mon ame je vous donne cette marque de la plus pure estime ; et, se penchant vers le jeune homme, elle déposa légèrement sur son front un baiser qu'il n'osa pas même lui rendre sur la main. Il se releva pénétré d'un indicible sentiment de respect et d'orgueil. Il n'avait point éprouvé un recueillement si suave, une émotion si douce, depuis le jour où, jeune villageois crédule et pieux, il avait fait sa première communion, dans un beau jour de printemps, au parfum de l'encens et des fleurs effeuillées.

Ils retournèrent par le chemin d'où ils étaient venus, et cette fois Bénédict se sentit entièrement calme auprès de Valentine. Ce baiser avait formé entre eux un lien sacré de fraternité. Ils s'établirent dans une confiance réciproque, et lorsqu'ils se quittèrent à l'entrée du parc, Bénédict promit d'aller bientôt porter à Raimbault des nouvelles de Louise.

— J'ose à peine vous en prier, répondit Valentine, et pourtant je le désire bien vivement. Mais ma mère est si sévère dans ses préjugés!

— Je saurai braver toutes les humiliations pour vous servir, répondit Bénédict, et je me flatte de savoir m'exposer sans compromettre personne.

Il la salua profondément et disparut.

Valentine rentra par l'allée la plus sombre du parc. Mais elle aperçut bientôt au travers du feuillage, sous ces longues galeries de verdure, la lueur et le mouvement des flambeaux. Elle trouva toute la maison en émoi, et sa mère qui pressait les mains du cocher, brutalisait le valet de chambre, se faisait humble avec les uns, se laissait aller à la fureur avec les autres, pleurait comme une mère, puis commandait en reine, et, pour la première fois de sa vie peut-être, semblait par intervalles appeler la pitié d'autrui à son secours. Mais dès qu'elle reconnut le pas du cheval qui lui ramenait Valentine, au lieu de se livrer à la joie, elle céda à sa colère long-temps comprimée par l'inquiétude. Sa fille ne trouva dans ses yeux que le ressentiment d'avoir souffert.

— D'où venez-vous? lui cria-t-elle d'une voix forte en la tirant de sa selle avec une violence qui faillit la faire tomber. Vous jouez-vous de mes tourmens? Pensez-vous que le moment soit bien choisi pour rêver à la lune et vous oublier dans les chemins? A l'heure qu'il est, et lorsque, pour me prêter à vos caprices, je suis brisée de fatigue, croyez-vous qu'il soit convenable de vous faire attendre? Est-ce ainsi que vous respectez votre mère, si vous ne la chérissez pas?

Elle la conduisit ainsi jusqu'au salon en l'accablant des reproches les plus aigres et des accusations les plus dures. Valentine bégaya quelques mots pour sa défense, et fut dispensée de la présence d'esprit qu'elle aurait été forcée d'apporter à des explications qu'heureusement on ne lui demanda pas. Elle trouva au salon sa grand'mère qui prenait du thé, et qui, lui tendant les bras, s'écria :

— Ah! te voilà, ma petite? Mais sais-tu que tu as donné bien de l'inquiétude à ta mère? Pour moi, je savais bien qu'il ne pouvait t'être arrivé rien de fâcheux dans ce pays-ci où tout le monde vénère le nom que tu portes. Allons, embrasse-moi, et que tout soit oublié. Puisque te voilà retrouvée, je vais manger de meilleur appétit. Cette course en calèche m'a donné une faim d'enfer.

En parlant ainsi, la vieille marquise, qui avait encore de fort bonnes dents, mordit dans un *tost* à l'anglaise que sa *demoiselle de service* lui préparait. Le soin minutieux qu'elle y apportait prouvait l'importance que sa maîtresse attachait à l'assaisonnement de ce mets. Quant à la comtesse, chez qui l'orgueil et la violence étaient au moins les vices d'une ame impressionnable, cédant à la force de ses sensations, elle se laissa tomber à demi-évanouie sur un fauteuil.

Valentine se jeta à ses genoux, aida à la délacer, couvrit ses mains de larmes et de baisers, et regretta sincèrement le bonheur qu'elle avait goûté en voyant combien il avait fait souffrir sa mère. La marquise quitta son souper en dissimulant mal la contrariété qu'elle en éprouvait, et vint, alerte et vive qu'elle était, tourner autour de sa belle-fille en assurant que ce ne serait rien.

Lorsque la comtesse ouvrit les yeux, elle repoussa rudement Valentine, lui dit qu'elle avait trop à se plaindre d'elle pour agréer ses soins; et comme la pauvre enfant exprimait sa douleur et demandait son pardon à mains jointes, il lui fut impérieusement ordonné d'aller se coucher sans avoir obtenu le baiser maternel.

La marquise, qui se piquait d'être l'ange consolateur de la famille, s'appuya sur le bras de sa petite-fille pour remonter à sa chambre, et lui dit en la quittant, après l'avoir embrassée au front :

— Allons, ma chère petite, console-toi. Ta mère a un peu d'humeur ce soir, mais ce n'est rien. Ne va pas t'amuser à prendre du chagrin, tu serais couperosée demain, et cela ne ferait pas les affaires de notre bon Lansac.

Valentine s'efforça de sourire, et quand elle se trouva seule, elle se jeta sur son lit accablée de chagrin, de bonheur, de lassitude, de crainte, d'espoir, de mille sentimens divers qui se pressaient dans son cœur.

Au bout d'une heure, elle entendit retentir dans le corridor le bruit des bottes éperonnées de M. de Lansac. La marquise, qui ne se couchait jamais avant minuit, suivant l'usage des gens *comme il faut*, l'appela dans sa chambre entr'ouverte, et Valentine, entendant leurs voix mêlées, alla sur-le-champ les rejoindre.

— Ah! dit la marquise avec cette joie maligne de la vieillesse qui ne respecte aucune des délicatesses de la pudeur, parce qu'elle n'en a plus le sentiment; j'étais bien sûre que la friponne, au lieu de dormir, attendait le retour de son fiancé, le cœur agité, l'oreille au guet! Allons, allons, mes enfans, je crois qu'il est temps de vous marier.

Rien n'allait si mal que cette idée à l'attachement calme et digne que Valentine éprouvait pour M. de Lansac. Elle rougit de mécontentement; mais la physionomie respectueuse et douce de son fiancé la rassura.

— Je n'ai pas pu dormir en effet, lui dit-elle, avant de vous avoir demandé pardon de toute l'inquiétude que je vous ai causée.

— On aime des personnes qui nous sont chères, répondit M. de Lansac avec une grâce parfaite, jusqu'aux tourmens qu'elles nous causent.

Valentine se retira confuse et agitée. Elle sentit qu'elle avait de grands torts involontaires envers M. de Lansac, et sa conscience s'impatientait d'avoir encore quelques heures à attendre pour lui en faire l'aveu. Si elle avait eu moins de délicatesse et plus de connaissance du monde, elle se fût bien gardée de cette confession.

M. de Lansac avait, dans l'aventure de la soirée, joué le rôle le plus déplaisant, et, quelle que fût la candeur de Valentine, il eût peut-être semblé difficile à cet homme du monde de pardonner bien sincèrement à sa fiancée l'espèce de pacte fait avec un autre pour le tromper. Mais Valentine rougissait de rester complice d'un mensonge envers celui qui allait être son époux.

Le lendemain, dès le matin, elle courut le rejoindre au salon.

— Évariste, lui dit-elle en allant droit au but, j'ai sur le cœur un secret qui me pèse : il faut que je vous le dise. Si je suis coupable, vous me blâmerez; mais au moins vous ne me reprocherez pas d'avoir manqué de loyauté.

— Eh, mon Dieu! ma chère Valentine, vous me faites frémir! Où voulez-vous arriver avec ce préambule solennel? Songez dans quelle position nous nous trouvons!... Non,

non, je ne veux rien entendre. C'est aujourd'hui que je vous quitte pour aller à mon poste attendre tristement la fin de l'éternel mois qui s'oppose à mon bonheur, et je ne veux pas attrister ce jour déjà si triste par une confidence qui semble vous être pénible. Quoi que vous ayez à me dire, je refuse d'*en connaître;* quoi que vous ayez fait de criminel, je vous absous. Allez, Valentine, votre ame est trop belle, votre vie trop pure, pour que j'aie l'insolence de vouloir vous confesser.

— Cette confidence ne vous attristera pas, répondit Valentine en retrouvant toute sa confiance dans la raison de M. de Lansac. Au contraire, lors même que vous m'accuseriez d'avoir agi avec précipitation, vous vous réjouirez encore avec moi, j'en suis sûre, d'un événement qui me comble de joie. J'ai retrouvé ma soeur....

— Taisez-vous! dit vivement M. de Lansac en affectant une terreur comique,

Ne prononcez pas ce nom ici! Votre mère a des doutes qui déjà la mettent au désespoir. Que serait-ce, grand Dieu! si elle savait où vous en êtes! Croyez-moi, ma chère Valentine, gardez ce secret bien avant dans votre cœur, et n'en parlez pas même à moi. Vous m'ôteriez par là tous les moyens de conviction que mon air d'innocence doit me donner auprès de votre mère. Et puis, ajouta-t-il en souriant d'un air qui ôtait à ses paroles toute la rigidité de leur sens, je ne suis pas encore assez votre maître, c'est-à-dire votre protecteur, pour me croire bien fondé à autoriser un acte de rébellion ouverte contre la volonté maternelle. Attendez un mois. Cela vous semblera bien moins long qu'à moi!

Valentine, qui tenait à dégager sa conscience de la circonstance la plus délicate de son secret, voulut en vain insister. M. de Lansac ne voulut rien entendre, et finit par lui persuader qu'elle ne devait rien lui dire.

Le fait est que M. de Lansac était bien né, qu'il occupait de belles fonctions diplomatiques, qu'il était plein d'esprit, de séduction et de ruse; mais qu'il avait des dettes à payer, et que pour rien au monde il n'eût voulu perdre la main et la fortune de mademoiselle de Raimbault. Dans la crainte continuelle de s'aliéner la mère ou la fille, il transigeait secrètement avec l'une et avec l'autre, il flattait leurs sentimens, leurs opinions, et, peu intéressé dans l'affaire de Louise, il était décidé à n'y intervenir que lorsqu'il deviendrait le maître de la terminer à son gré.

Valentine prit sa prudence pour une autorisation tacite, et, se rassurant de ce côté, elle dirigea toutes ses pensées vers le but de combattre l'orage qui allait éclater du côté de sa mère.

La veille au soir, le laquais adroit et bas

qui avait déjà insinué quelques soupçons sur l'apparition de Louise dans le pays, était entré chez la comtesse sous prétexte d'apporter une limonade, et il avait eu avec elle l'entretien suivant.

IX

— Madame m'avait ordonné hier de m'informer de la personne....

— Il suffit. Ne la nommez jamais devant moi. L'avez-vous fait?

— Oui, Madame, et je crois avoir trouvé la voie.

— Parlez donc.

— Je n'oserai pas affirmer à Madame que la chose soit aussi certaine que je le désirerais. Mais voici ce que je sais : il y a à la ferme de Grangeneuve depuis à peu près trois semaines une femme qui passe pour la nièce du père Lhéry, et qui m'a bien l'air d'être celle que nous cherchons.

— L'avez-vous vue?

— Non, Madame. D'ailleurs je ne connais pas la personne.... Et personne ici n'est plus avancé que moi.

— Mais que disent les paysans?

— Les uns disent que c'est bien la parente des Lhéry ; à preuve, disent-ils, qu'elle n'est pas vêtue comme une demoiselle ; et puis, parce qu'elle occupe chez eux une chambre de laboureur. Ils pensent que si c'était mademoiselle..... on lui aurait fait une autre réception à la ferme : les Lhéry lui étaient tout dévoués, comme Madame sait.

— Sans doute. La mère Lhéry a été sa

nourrice dans un temps où elle était fort heureuse de trouver ce moyen d'existence. Mais que disent les autres?.... Comment se fait-il que pas un ici ne puisse affirmer si cette personne est ou n'est pas celle que tout le monde a vue autrefois?

—D'abord, peu de gens l'ont vue. Grangeneuve est un endroit fort isolé. Elle n'en sort presque pas, et lorsqu'elle le fait, elle est toujours enveloppée d'une *cape*, parce que, dit-on, elle est malade. Ceux qui l'ont rencontrée l'ont à peine aperçue, et disent qu'il leur est impossible de savoir si la personne fraîche et replette qu'ils ont vue il y a quinze ans, est la personne maigre et pâle qu'ils voient maintenant. C'est une chose embarrassante à éclaircir, et qui demande beaucoup d'adresse et de persévérance.

— Joseph! je vous donne cent francs si vous voulez vous en charger.

— Il suffit d'un ordre de Madame, répondit le valet d'un air hypocrite. Mais si je n'en viens pas à bout aussi vite que Madame le désire, elle voudra bien se rappeler que les paysans d'ici sont rusés, méfians; qu'ils ont un fort mauvais esprit, aucun attachement pour leurs anciennes coutumes, et qu'ils ne seraient pas fâchés de montrer une opposition quelconque à la volonté de Madame.....

— Je sais qu'ils ne m'aiment pas, et je m'en félicite. La haine de ces gens-là m'honore au lieu de m'inquiéter. Mais le maire de la commune n'a-t-il point fait amener cette étrangère pour la questionner?

— Madame sait que le maire est un Lhéry, un cousin de son fermier; dans cette famille-là ils sont unis comme les doigts de la main, et s'entendent comme larrons en foire....

Joseph sourit de complaisance en se trouvant tant de causticité dans le discours. La comtesse ne daigna pas partager son sentiment; mais elle reprit :

— Oh! c'est un grand désagrément que ces fonctions de maire soient remplies par des paysans à qui elles donnent une certaine autorité sur nous.

— Il faudra, pensa-t-elle, que je m'occupe de faire destituer celui-là, et que mon gendre prenne l'ennui de le remplacer. Il fera faire la besogne par les adjoints.

Puis, revenant tout-à-coup au sujet de l'entretien par un de ces aperçus clairs et prompts que donne la haine :

— Il y a un moyen, dit-elle, c'est d'envoyer Catherine à la ferme, et de la faire parler.

— La nourrice de Mademoiselle!.... Oh! c'est une femme plus rusée que Madame ne pense. Peut-être sait-elle déjà fort bien ce qui en est.

— Enfin il faut trouver un moyen, dit la comtesse avec humeur....

— Si Madame me permet d'agir....

— Eh certainement!

— En ce cas, j'espère être instruit demain de ce qui intéresse Madame.

Le lendemain, vers six heures du matin, au moment où l'*angélus* sonnait au fond de la vallée et où le soleil enluminait tous les toits d'alentour, Joseph se dirigea vers la partie la plus déserte, et en même temps la mieux cultivée. C'était sur les terres de Raimbault, terres considérables et fertiles, jadis vendues comme biens nationaux, rachetées sous l'Empire par la dot de mademoiselle Chignon, fille d'un riche bonnetier que le général-comte de Raimbault avait épousée en secondes noces. L'Empereur aimait à unir les anciens noms aux nouvelles fortunes : ce mariage s'était conclu sous son influence suprême; et la nouvelle comtesse avait bientôt dépassé dans son cœur tout l'orgueil de la vieille noblesse qu'elle haïssait, et dont cependant elle avait voulu à tout prix porter les honneurs et les titres.

Joseph avait sans doute tissu une fable bien savante pour se présenter à la ferme sans effaroucher personne. Il avait dans son sac bien des tours de Scapin pour abuser de la simplicité des habitans ; mais, par malheur, la première personne qu'il rencontra à cent pas de la ferme fut Bénédict, homme bien plus fin, bien plus méfiant que lui. Le jeune homme se souvint aussitôt de l'avoir vu quelque temps auparavant à une autre fête de village, où, quoiqu'il portât fort bien son habit noir, bien qu'il affectât des manières de supériorité sur les fermiers qui prenaient de la bière avec lui, il avait été persifflé et humilié comme un vrai laquais qu'il était. Aussitôt Bénédict comprit qu'il fallait écarter de la ferme ce témoin dangereux ; et s'emparant de lui avec force politesses ironiques, il le força d'aller visiter avec lui une vigne située à quelque distance. Il affecta de le croire sur sa parole homme de confiance et régisseur du château, et feignit une grande disposition au bavardage. Joseph abusa bien vite de l'occasion, et, au bout de dix minutes, ses intentions et ses projets devinrent clairs comme le jour pour Bénédict. Alors il se tint sur ses gardes, et le désabusa de ses doutes relatifs à Louise avec un air de candeur dont Joseph fut parfaitement dupe. Cependant Bénédict comprit que ce n'était pas assez, qu'il fallait se débarrasser entièrement des intentions malfaisantes de ce mouchard, et le hasard lui fournit les moyens de s'en acquitter au plus vite.

— Parbleu, monsieur Joseph! lui dit-il, je suis fort aise de vous avoir rencontré. J'avais précisément à vous communiquer une affaire intéressante pour vous.

Joseph ouvrit deux larges oreilles, de ces oreilles de laquais, profondes, mobiles, habiles à saisir, vigilantes à conserver; de ces oreilles où rien ne se perd, où tout se retrouve.

— M. le chevalier de Trigaud, continua Bénédict, ce gentilhomme campagnard qui demeure à trois lieues d'ici, et qui fait un si énorme massacre de lièvres et de perdrix qu'on n'en trouve plus là où il a passé, me disait avant hier (nous venions précisément de tuer dans les buissons une vingtaine de cailles vertes, car le bon chevalier est braconnier comme un garde-chasse); il disait donc avant-hier qu'il serait bien aise d'avoir un homme intelligent comme vous à son service....

— M. le chevalier de Trigaud a dit cela? repartit l'auditeur ému.

— Sans doute, reprit Bénédict. C'est un homme riche, libéral, insouciant, ne se mêlant de rien, n'aimant que la chasse et la table, sévère à ses chiens, doux à ses serviteurs, ennemi des embarras domestiques, volé depuis qu'il est au monde, volable s'il en fut. Une personne qui aurait, comme vous, reçu une certaine instruction, qui tiendrait ses comptes, qui réformerait les abus de sa maison, et qui ne le contrarierait pas au sortir de table, pourrait à jeun obtenir tout de son humeur facile, régner en prince chez lui, et gagner quatre fois autant que chez madame la comtesse de Raimbault. Or, tous ces avantages sont à votre disposition, monsieur Joseph, si vous voulez de ce pas aller vous présenter au chevalier.

— J'y vais au plus vite! s'écria Joseph qui connaissait fort bien la place et qui la savait bonne.

— Un instant! dit Bénédict. Il faudra vous rappeler que, grâce à mon goût pour la chasse et à la moralité bien connue de ma famille, ce bon chevalier nous témoigne à tous une amitié vraiment extraordinaire, et que quiconque aurait le malheur de me déplaire ou de rendre un mauvais office à quelqu'un des miens, ne *pourrirait* pas sur le seuil de sa maison.

Le ton dont ces paroles furent prononcées les rendit très-intelligibles pour Joseph. Il rentra au château, rassura complètement la comtesse, eut l'adresse de se faire donner les cent francs de gratification pour son zèle et ses peines, et sauva à Valentine l'interrogatoire terrible que sa mère lui réservait. Huit jours après, il entra au service du chevalier de Trigaud qu'il ne vola pas, il avait trop d'esprit et son maître était trop bête pour qu'il s'en donnât la peine, mais qu'il pilla comme un pays conquis.

Dans son désir de ne pas manquer une si excellente aubaine, il avait poussé l'adresse et le dévouement aux intentions de Bénédict jusqu'à donner de faux renseignemens à la comtesse sur la résidence de Louise. En trois jours, il lui avait improvisé un voyage et un départ dont madame de Raimbault avait été la dupe. Il avait réussi encore à ne pas perdre sa confiance en quittant son service. Il s'était fait octroyer de bon gré la permission de changer de maître, et madame de Raimbault ne pensa bientôt plus à lui ni à ses révélations antérieures. La marquise, qui aimait Louise plus peut-être qu'elle n'avait aimé personne, questionna Valentine. Mais celle-ci connaissait trop le caractère faible et la légèreté de sa grand'mère pour confier à son impuissante affection un secret de si haute importance. M. de Lansac était parti; les trois femmes étaient fixées à Raimbault où le mariage devait se conclure au bout d'un mois. Louise, qui ne se fiait peut-être pas autant que Valentine aux bonnes intentions de M. de Lansac, résolut de mettre à profit ce temps où elle était à peu près libre pour la voir souvent; et trois jours après la journée du 1er mai, Bénédict, chargé d'une lettre, se présenta au château.

Hautain et fier, il n'avait jamais voulu s'y présenter pour traiter d'aucune affaire au nom de son oncle; mais pour Louise, pour Valentine, pour ces deux femmes qu'il ne savait comment qualifier dans son affection, il se faisait une sorte de gloire d'aller affronter les regards dédaigneux de la comtesse et les affabilités insolentes de la marquise. Il profita d'un jour chaud qui devait confiner Valentine chez elle, et s'étant muni d'une carnassière bien remplie de gibier, ayant pris pour vêtement une blouse, un chapeau de paille et des guêtres, il partit ainsi équipé en chasseur villageois, certain que ce costume choquerait moins les yeux de la comtesse que sa redingote verte et son castor de Bandoni.

Valentine écrivait dans sa chambre. Je ne sais quelle attente vague faisait trembler sa main ; tout en traçant des lignes destinées à sa sœur, il lui semblait que le messager qui devait s'en charger n'était pas loin. Le moindre bruit dans la campagne, le trot d'un cheval, la voix d'un chien la faisaient tressaillir ; elle se levait et courait à sa fenêtre, appelant Louise et Bénédict, car Bénédict, ce n'était pour elle, du moins elle le croyait ainsi, qu'une partie de sa sœur détachée vers elle.

Comme elle commençait à se lasser de cette émotion involontaire, et qu'elle cherchait à en distraire sa pensée, cette voix si belle et si pure, cette voix de Bénédict, qu'elle avait entendue la nuit sur les bords de l'Indre, vint de nouveau charmer son oreille. La plume tomba de ses doigts, elle écouta, ravie, ce chant naïf et simple qui avait tant d'empire sur ses nerfs. La voix de Bénédict partait d'un sentier qui tournait en dehors du parc sur une colline assez rapide. Le chanteur, se trouvant élevé au-dessus des jardins, pouvait faire entendre distinctement ces vers de sa chanson villageoise, qui renfermaient peut-être un avertissement pour Valentine :

> Bergère Solange, écoutez,
> L'allouette aux champs vous appelle.

Valentine était assez romanesque ; elle ne pensait pas l'être parce que son cœur vierge n'avait pas encore conçu l'amour. Mais lorsqu'elle croyait pouvoir s'abandonner sans réserve à un sentiment pur et honnête, sa jeune tête ne se défendait point d'aimer tout ce qui ressemblait à une aventure. Élevée sous des regards si rigides, dans une atmosphère d'usages si froids et si guindés, elle avait si peu joui de la fraîcheur et de la poésie de son âge !

Collée au store de sa fenêtre, elle vit bientôt Bénédict descendre le sentier. Bénédict n'était pas beau, mais sa taille était remarquablement élégante : son costume rustique, qu'il portait un peu théâtralement, sa marche légère et assurée sur le bord du ravin, son grand chien blanc tacheté qui bondissait devant lui, et surtout son chant si flatteur et si puissant, qu'il suppléait chez lui à la beauté des traits, toute cette apparition dans une scène champêtre qui, par les soins de l'art, spoliateur de la nature, ressemblait assez à un décor d'opéra, c'était de quoi émouvoir un jeune cerveau et donner, je ne sais quel accessoire de coquetterie, au prix de la missive.

Valentine fut bien tentée de s'enfoncer dans le parc, d'aller ouvrir une petite porte qui donnait sur le sentier, de tendre une main avide vers la lettre qu'elle croyait déjà voir dans celle de Bénédict. Tout cela était assez imprudent. Une pensée plus louable que celle du danger la retint : ce fut la crainte de désobéir deux fois en allant au-devant d'une aventure qu'elle ne pouvait pas repousser.

Elle résolut donc d'attendre un nouvel avertissement pour descendre, et bientôt une grande rumeur de chiens animés les uns contre les autres fit glapir tous les échos du préau. C'était Bénédict qui avait mis le sien aux prises avec ceux de la maison, afin d'annoncer son arrivée de la manière la plus bruyante possible.

Valentine descendit aussitôt ; son instinct lui fit deviner que Bénédict se présenterait de préférence à la marquise, comme étant la plus abordable. Elle rejoignit donc sa grand'-mère qui avait coutume de faire la sieste sur le canapé du salon, et, après l'avoir doucement éveillée, elle prit un prétexte pour s'asseoir à ses côtés.

Au bout de quelques minutes, un domestique vint annoncer que le neveu de M. Lhéry demandait à présenter son respect et son gibier à la marquise.

— Je me passerais bien de son respect, répondit la vieille folle, mais que son gibier soit le bien-venu. Faites entrer.

DEUXIÈME PARTIE.

X

En voyant paraître ce jeune homme dont elle se sentait la complice et qu'elle allait encourager sous les yeux de sa grand'mère à lui remettre un secret message, Valentine eut un remords. Elle sentit qu'elle rougissait, et la pourpre de ses joues alla se refléter sur celles de Bénédict.

— Ah! c'est toi, mon garçon! dit la marquise qui étalait sur le sopha sa jambe courte et replette avec des grâces du temps de Louis XV. Sois le bienvenu. Comment va-t-on à la ferme? Et cette bonne mère Lhéry? et cette jolie petite cousine? et tout le monde?

Puis, sans se soucier de la réponse, elle enfonça la main dans la carnassière que Bénédict détachait de son épaule.

— Ah! vraiment, c'est fort beau ce gibier-là! Est-ce toi qui l'as tué? On dit que tu laisses un peu braconner le Trigaud sur nos terres? Mais voilà de quoi te faire absoudre....

— Ceci, dit Bénédict en tirant de son sein une petite mésange vivante, je l'ai pris au filet par hasard. Comme elle est d'une espèce rare, j'ai pensé que Mademoiselle, qui s'occupait d'histoire naturelle, la joindrait à sa collection.

Et tout en remettant le petit oiseau à Valentine, il affecta d'avoir beaucoup de peine à le glisser dans ses doigts sans le laisser échapper. Il profita de ce moment pour lui remettre la lettre. Valentine approcha d'une fenêtre comme pour examiner l'oiseau de près, et cacha le papier dans sa poche.

— Mais tu dois avoir bien chaud, mon cher? dit la marquise. Va donc te désaltérer à l'office.

Valentine vit le sourire de dédain qui effleurait les lèvres de Bénédict.

— Monsieur aimerait peut-être mieux, dit-elle vivement, prendre un verre d'eau de grenades?

Et elle souleva la carafe qui était sur un guéridon derrière sa grand'mère, pour en verser elle-même à son hôte. Bénédict la remercia d'un regard, et, passant derrière le dossier du sopha, il accepta, heureux de toucher le verre de cristal que la blanche main de Valentine lui offrit.

La marquise eut une petite quinte de toux

pendant laquelle il dit vivement à Valentine :

— Que faudra-t-il répondre de votre part à la demande contenue dans cette lettre?

— Quoi que ce soit, oui, répondit Valentine effrayée de tant d'audace.

Bénédict promenait un regard grave sur ce salon élégant et spacieux, sur ces glaces limpides, sur ces parquets luisans, sur mille recherches du luxe dont l'usage même était ignoré encore à la ferme. Ce n'était point la première fois qu'il pénétrait dans la demeure du riche, et son cœur était loin de se prendre d'envie pour tous ces hochets de la fortune, comme l'eût fait celui d'Athénaïs. Mais il ne pouvait s'empêcher de faire une remarque qui n'avait pas encore pénétré chez lui si avant : c'est que la société avait mis entre lui et mademoiselle de Raimbault des obstacles immenses.

— Heureusement, se disait-il, je puis braver le danger de la voir sans en souffrir. Jamais je ne serai amoureux d'elle.

— Eh bien! ma fille, veux-tu te mettre au piano, et continuer cette romance que tu m'avais commencée tout à l'heure?

C'était un ingénieux mensonge de la vieille marquise pour faire entendre à Bénédict qu'il était temps de se retirer *à l'office*.

—Bonne maman, répondit Valentine, vous savez que je ne chante guère; mais vous qui aimez la bonne musique, si vous voulez vous donner un très-grand plaisir, priez Monsieur de chanter.

En vérité! dit la marquise. Mais comment sais-tu cela, ma fille?

— C'est Athénaïs qui me l'a dit, répondit Valentine en baissant les yeux.

— Eh bien! s'il en est ainsi, mon garçon, fais-moi ce plaisir-là, dit la marquise. Régale-moi d'un joli petit air villageois, cela me reposera du Rossini auquel je n'entends rien.

— Je vous accompagnerai si vous voulez,

dit Valentine au jeune homme avec timidité.

Bénédict était bien un peu troublé de l'idée que sa voix allait peut-être appeler au salon la fière comtesse. Mais il était plus touché encore des efforts de Valentine pour le retenir et le faire asseoir; car la marquise, malgré toute sa popularité, n'avait pu se décider à offrir un siége au neveu de son fermier.

Le piano fut ouvert. Valentine s'y plaça après avoir tiré un pliant auprès du sien. Bénédict, pour lui prouver qu'il ne s'apercevait point de l'affront qu'il avait reçu, préféra chanter debout.

Dès les premières notes, Valentine rougit et pâlit, des larmes vinrent au bord de sa paupière; peu à peu elle se calma, ses doigts suivirent le chant, et son oreille le recueillit avec intérêt.

La marquise écouta d'abord avec plaisir. Puis, comme elle avait sans cesse l'esprit oisif et ne pouvait rester en place, elle sortit, rentra, et ressortit encore.

— Cet air, dit Valentine dans un instant où elle fut seule avec Bénédict, c'est celui que ma sœur me chantait de prédilection lorsque j'étais enfant, et que je la faisais asseoir sur le haut de la colline pour l'entendre répéter à l'écho. Je ne l'ai jamais oublié, et tout à l'heure j'ai failli pleurer quand vous l'avez commencé.

— Je l'ai chanté à dessein, répondit Bénédict, c'était vous parler au nom de Louise.....

La comtesse entra comme ce nom expirait sur les lèvres de Bénédict. A la vue de sa fille assise auprès d'un homme en tête-à-tête, elle attacha sur ce groupe des yeux clairs, fixes, stupéfaits. D'abord, elle ne reconnut pas Bénédict qu'elle avait à peine regardé à la fête, et sa surprise la pétrifia sur place. Puis, quand elle se rappela l'impudent vassal qui avait osé porter ses lèvres sur les joues de sa fille, elle fit un pas en avant, pâle et tremblante, essayant de parler et retenue par une strangulation subite. Heureusement un incident ridicule préserva Bénédict de l'explosion. Le beau levrier gris de la comtesse s'était approché avec insolence du chien de chasse de Bénédict qui, tout poudreux, tout haletant, s'était couché sans façon sous le piano. Perdreau, patiente et raisonnable bête, se laissa flairer des pieds à la tête, et se contenta de répondre aux avanies de son hôte en lui montrant silencieusement une longue rangée de dents blanches. Mais quand le levrier, hautain et discourtois, voulut passer aux injures, Perdreau, qui n'avait jamais souffert un affront et qui venait de faire tête à trois dogues quelques instans auparavant, se dressa sur ses pates de devant, et, d'un coup de boutoir, roula son frêle adversaire sur le parquet. Celui-ci vint, en jetant des cris aigus, se réfugier aux pieds de sa maîtresse. Ce fut une occasion pour Bénédict, qui vit la comtesse éperdue, de s'élancer hors de l'appartement en feignant d'entraîner et de châtier Perdreau qu'au fond du cœur il remerciait sincèrement de son inconvenance.

Comme il sortait escorté des glapissemens du levrier, des sourds grondemens de l'épagneul et des exclamations douloureuses de la comtesse, il rencontra la marquise qui, étonnée de ce vacarme, lui demanda ce que cela signifiait.

— Mon chien a étranglé celui de Madame, répondit-il d'un air piteux en s'enfuyant.

Il retourna à la ferme, emportant un grand fonds d'ironie et de haine contre la noblesse, et riant du bout des lèvres de son aventure. Cependant il eut pitié de lui-même en se rappelant quels affronts bien plus grands il avait prévus, et de quel sang-froid moqueur il s'était vanté en quittant Louise quelques heures auparavant. Peu à peu tout le ridicule de cette scène lui parut retomber sur la comtesse, et il arriva à la ferme en veine de gaieté. Son récit fit rire Athénaïs jusqu'aux larmes. Louise pleura aussi en apprenant comment Valentine avait accueilli son message et reconnu la chanson que Bénédict lui avait chantée. Mais Bénédict ne se vanta pas de sa visite au château devant le père Lhéry. Celui-ci n'était pas homme à s'amuser d'une plaisanterie qui pouvait lui faire perdre mille écus de profits *par chacun an.*

— Qu'est-ce donc que tout cela signifie? répéta la marquise en entrant dans le salon.

— C'est vous, Madame, qui me l'expliquerez, j'espère, répondit la comtesse. N'étiez-vous pas ici quand cet homme est entré?

— Quel *homme?* demanda la marquise.

— M. Bénédict, répondit Valentine toute confuse et cherchant à prendre de l'aplomb. Maman, il vous apportait du gibier : ma bonne-maman l'a prié de chanter, et je l'accompagnais....

— C'est pour vous qu'il chantait, Madame? dit la comtesse à sa belle-mère. Mais vous l'écoutiez de bien loin, ce me semble.

— D'abord, répondit la vieille, ce n'est pas moi qui l'en ai prié, c'est Valentine.

— Cela est fort étrange, dit la comtesse en attachant des yeux perçans sur sa fille.

— Maman, dit Valentine en rougissant, je vais vous expliquer cela. Mon piano est horriblement faux, vous le savez; nous n'avons pas de facteur dans les environs : ce *jeune homme* est musicien; en outre, il accorde très-bien les instrumens.... Je savais cela par Athénaïs qui a un piano chez elle, et qui a souvent recours à l'adresse de son cousin....

— Athénaïs a un piano! ce jeune homme est musicien! Quel étrange histoire me faites-vous là?

— Rien n'est plus vrai, Madame, dit la marquise. Vous ne voulez jamais comprendre qu'à présent tout le monde en France reçoit de l'éducation! Ces gens-là sont riches, ils ont fait donner des talens à leurs enfans: c'est fort bien fait; c'est la mode : il n'y a rien à dire. Ce garçon chante très-bien, ma foi! Je l'écoutais du vestibule avec beaucoup de plaisir. Eh bien! qu'y a-t-il? Croyez-vous que Valentine fût en danger auprès de lui quand moi j'étais à deux pas?

— Oh, Madame! dit la comtesse, vous avez une manière d'interpréter mes idées!...

— Mais c'est que vous en avez de si bizarres! Vous voilà toute effarouchée parce que vous avez trouvé votre fille au piano avec un homme! Est-ce qu'on fait du mal quand on est occupé à chanter? Vous me faites un crime de les avoir laissés seuls un instant, comme si.... Eh, mon Dieu! vous ne l'avez donc pas regardé ce garçon? Il est laid à faire peur!

— Madame, répondit la comtesse avec le sentiment d'un profond mépris, il est tout simple que vous vous traduisiez ainsi mon mécontentement. Comme il nous est impossible de nous entendre sur de certaines choses, c'est à ma fille que je m'adresse. Valentine, je n'ai pas besoin de vous dire que je

n'ai point de ces idées grossières qu'on me
prête. Je vous connais assez, ma fille, pour
savoir qu'un homme de cette sorte n'est pas
un *homme* pour vous, et qu'il n'est pas en
son pouvoir de vous compromettre. Mais je
hais l'inconvenance, et je trouve que vous
la traitez beaucoup trop légèrement. Songez
que rien n'est pis dans le monde que les situations ridicules. Vous avez trop de bienveillance dans le caractère, trop de laisser-
aller avec les inférieurs. Rappelez-vous qu'ils
ne vous en sauront aucun gré, qu'ils en abu-
seront toujours, et que les mieux traités seront les plus ingrats. Croyez-en l'expérience
de votre mère et observez-vous davantage.
Déjà plusieurs fois j'ai eu l'occasion de vous
faire ce reproche : vous manquez de dignité.
Vous en sentirez les inconvéniens. Ces *gens-
là* ne comprennent pas jusqu'où il leur est
permis d'aller, et le point fixe où ils doivent
s'arrêter. Cette petite Athénaïs est avec vous
d'une familiarité révoltante. Je le tolère,

parce qu'après tout c'est une femme. Mais je ne serais pas très-flattée que son prétendu vînt, dans un endroit public, vous aborder d'un petit air dégagé. C'est un jeune homme fort mal élevé, comme ils le sont tous dans cette classe-là, manquant de tact absolument.... M. de Lansac, qui fait quelquefois un peu trop le libéral, a beaucoup trop auguré de lui en lui parlant l'autre jour comme à un homme d'esprit.... Un autre se fût retiré de la danse; lui, vous a très-cavalièrement embrassée, ma fille.... Je ne vous en fais pas un reproche, ajouta la comtesse en voyant que Valentine rougissait à perdre contenance; je sais que vous avez assez souffert de cette impertinence, et si je vous la rappelle, c'est pour vous montrer combien il faut tenir à distance les gens *de peu.*

Pendant ce discours, la marquise, assise dans un coin, haussait les épaules. Valentine, écrasée sous le poids de la logique de sa mère, répondit en balbutiant :

— Maman, c'est seulement à cause du piano, que je pensais.... Je ne pensais pas aux inconvéniens....

— En s'y prenant bien, reprit la comtesse désarmée par sa soumission, il peut n'y en avoir aucun à le faire venir. Le lui avez-vous proposé?

— J'allais le faire lorsque....

— En ce cas, il faut le faire rentrer....

La comtesse sonna et demanda Bénédict. Mais on lui dit qu'il était déjà loin sur la colline.

— Tant pis, dit-elle quand le domestique fut sorti. Il ne faut pour rien au monde qu'il croie avoir été admis ici pour sa belle voix. Je tiens à ce qu'il y revienne en subalterne, et je me charge de le recevoir sur ce pied-là. Donnez-moi cette écritoire. Je vais lui expliquer ce qu'on attend de lui.

— Mettez-y de la politesse au moins, dit la marquise, à qui la peur tenait lieu de raison.

— Je sais les usages, Madame, répondit la comtesse.

Elle traça quelques mots à la hâte, et les remettant à Valentine :

— Lisez, dit-elle, et faites porter à la ferme.

Valentine jeta les yeux sur le billet. Le voici :

« Monsieur Bénédict, voulez-vous accor-
» der le piano de ma fille ? Vous me ferez
» plaisir.

» J'ai l'honneur de vous saluer.

» F. C^{sse} DE RAIMBAULT. »

Valentine prit dans sa main le pain à cacheter, et feignit de le placer sous le feuillet; mais elle sortit en gardant la lettre ouverte. Allait-elle donc envoyer cette insolente signification ? Était-ce ainsi qu'il fallait payer Bénédict de son dévouement ? Fallait-il traiter en laquais l'homme qu'elle n'avait pas craint de marquer au front d'un baiser fraternel? Le cœur l'emporta sur la prudence; elle tira un crayon de sa poche, et entre les doubles portes de l'antichambre déserte, elle traça ces mots au bas de ceux de sa mère:

« Oh! pardon! pardon, Monsieur! Je vous » expliquerai cette invitation. Venez, ne re- » fusez pas de venir. Au nom de Louise, » pardon! »

Elle cacheta le billet et le remit à un domestique.

XI

Elle ne put ouvrir la lettre de Louise que le soir. C'était une longue paraphrase du peu de mots qu'elles avaient pu échanger à leur gré dans l'entrevue de la ferme. Cette lettre toute palpitante de joie et d'espoir était l'expression d'une véritable amitié de femme, amitié romanesque, expansive, cousine germaine de l'amour dont elle est la plus pure quintessence, amitié pleine d'adorables puérilités et de platoniques ardeurs.

Elle se terminait par ces mots :

« Le hasard m'a fait découvrir que ta mère allait demain rendre une visite dans le voisinage. Elle n'ira que vers la nuit en raison de la chaleur. Tâche de te dispenser de l'accompagner ; et dès que la nuit sera sombre, viens me trouver au bout de la grande prairie, à l'entrée du petit bois de Vavray. La lune ne se lève qu'à minuit, et cet endroit est toujours désert. »

Le lendemain la comtesse partit vers six heures du soir, engageant Valentine à se mettre au lit, et recommandant à la marquise de veiller à ce qu'elle prît un bain de pieds bien chaud. Mais la vieille femme, tout en disant qu'elle avait élevé sept enfans, et qu'elle savait bien soigner une migraine, oublia bien vite tout ce qui n'était pas elle. Fidèle à ses habitudes de mollesse antique, elle se mit au bain à la place de sa petite-fille, et fit appeler sa *demoiselle de service* pour lui lire un roman de Crébillon fils. Valentine s'échappa dès que l'ombre commença à descendre sur la colline. Elle prit une robe brune afin d'être moins apparente dans la campagne assombrie, et, coiffée seulement de ses beaux cheveux blonds qu'agitaient les tièdes brises du soir, elle franchit la prairie d'un pied rapide.

Cette prairie avait bien une demi-lieue de long; elle était coupée de larges ruisseaux auxquels des arbres renversés servaient de ponts. Dans l'obscurité, Valentine faillit plusieurs fois se laisser tomber. Tantôt elle accrochait sa robe à d'invisibles épines, tantôt son pied s'enfonçait dans la vase trompeuse du ruisseau. Sa marche légère éveillait des milliers de phalènes bourdonnantes; le grillon babillard se taisait à son approche, et quelquefois une chouette endormie dans le tronc d'un vieux saule s'en échappait, et la faisait tressaillir en rasant son front de son aile souple et cotonneuse.

C'était la première fois de sa vie que Valentine se hasardait seule, la nuit, volontairement, hors du toit paternel. Quoiqu'une grande exaltation morale lui prêtât des forces, la peur s'emparait parfois d'elle, et lui donnait des ailes pour raser l'herbe et franchir les ruisseaux.

Au lieu indiqué, elle trouva sa sœur qui l'attendait avec impatience. Après mille tendres caresses, elles s'assirent sur la marge d'un fossé, et se mirent à causer.

— Conte-moi donc ta vie depuis que je t'avais perdue, dit Valentine à Louise?

Louise raconta ses voyages, ses chagrins, son isolement, sa misère. A peine âgée de seize ans, lorsqu'elle se trouva exilée en Allemagne auprès d'une vieille parente de sa famille, elle n'avait touché qu'une faible pension alimentaire qui ne suffisait point à la rendre indépendante. Tyrannisée par cette duègne, elle s'était enfuie en Italie, où, à force de travail et d'économie, elle avait réussi à subsister. Enfin sa majorité étant arrivée, elle avait joui de son patrimoine, héritage fort modique, car toute la fortune de cette famille venait de la comtesse; la terre même de Raimbault, ayant été rachetée par elle, lui appartenait en propre, et la vieille mère du général ne devait une existence agréable qu'aux *bons procédés* de sa belle-fille. C'est pour cette raison qu'elle la ménageait et avait abandonné entièrement Louise pour ne pas tomber dans l'indigence.

Quelque modique que fût la somme que toucha cette malheureuse fille, elle fut accueillie comme une richesse, et suffit de reste à des besoins qu'elle avait su rendre si modestes. Une circonstance qu'elle n'exprima pas à sa sœur, l'ayant engagée à revenir à Paris, elle y était depuis six mois lorsqu'elle apprit le prochain mariage de Valentine. Dévorée du désir de revoir sa patrie et sa sœur, elle avait écrit à sa nourrice, madame Lhéry, et celle-ci, bonne et aimante femme, qui n'avait jamais cessé de correspondre de loin à loin avec elle, se hâta de l'inviter à venir secrètement passer quelques semaines à la ferme. Louise accepta avec empressement, dans la crainte que le mariage de Valentine ne mît bientôt une plus invincible barrière entre elles deux.

— A Dieu ne plaise! répondit Valentine; ce sera au contraire le signal de notre rapprochement. Mais, dis-moi, Louise, dans tout ce que tu viens de me raconter, tu as omis une circonstance bien intéressante pour moi.... Tu ne m'as pas dit si....

Et Valentine, embarrassée de prononcer un seul mot qui eût rapport à cette terrible faute de sa sœur, qu'elle eût voulu effacer au prix de tout son sang, sentit sa langue se paralyser, et son front se couvrir d'une sueur brûlante.

Louise comprit, et, malgré les déchirans remords de sa vie, aucun reproche n'enfonça dans son cœur une pointe si acérée que cet embarras et ce silence. Elle laissa tomber sa tête sur ses mains, et, prompte à aigrir qu'elle était après une vie de malheur, elle trouva que Valentine lui faisait plus de mal à elle seule que tous les autres ensemble. Mais, revenant bientôt à la raison, elle se dit que Valentine souffrait par excès de délicatesse : elle comprit qu'il en avait déjà bien coûté à cette jeune fille si pudique, pour appeler une confidence plus intime et pour oser seulement la désirer.

— Eh bien, Valentine! dit-elle en passant un de ses bras au cou de sa jeune sœur.

Valentine se précipita dans son sein, et toutes deux fondirent en larmes.

Puis Valentine, essuyant ses yeux, réussit par un sublime effort à dépouiller la rigidité de la jeune vierge pour s'élever au rôle de l'amie généreuse et forte.

— Dis-moi, s'écria-t-elle, il est dans tout cela un être qui a dû étendre son influence sacrée sur toute ta vie; un être que je ne connais pas, dont j'ignore le nom, mais qu'il m'a semblé parfois aimer de toute la force du sang et de toute la volonté de ma tendresse pour toi....

— Tu veux donc que je t'en parle, ô ma courageuse sœur! J'ai cru que je n'oserais jamais te rappeler son existence. Eh bien! ta grandeur d'ame surpasse tout ce que j'en' espérais. Mon fils existe, il ne m'a jamais quittée : c'est moi qui l'ai élevé. Je n'ai point essayé de dissimuler ma faute en l'éloignant de moi ou en lui refusant mon nom. Partout il m'a suivie, partout il a accusé au monde mon malheur et mon repentir. Et le croiras-tu, Valentine? j'ai fini par trouver ma gloire à me proclamer sa mère, et dans toutes les ames justes j'ai trouvé mon absolution en faveur de mon courage.

— Et quand même je ne serais pas ta sœur

et ta fille aussi, répondit Valentine, je voudrais être au nombre de ces justes. Mais où est-il?

— Mon Valentin est à Paris, dans un collége. C'est pour l'y conduire que j'ai quitté l'Italie, et c'est pour te voir que je me suis séparée de lui depuis un mois. Il est beau, mon fils, Valentine; il est aimant; il te connaît; il désire ardemment embrasser celle dont il porte le nom; et il te ressemble : il est blond et calme comme toi; à quatorze ans, il est presque de ta taille.... Dis, voudras-tu, quand tu seras mariée, que je te le présente?

Valentine répondit par mille caresses.

Deux heures s'étaient écoulées rapidement à se rappeler le passé, à faire des projets pour l'avenir. Valentine y portait toute la confiance de son âge : Louise y croyait moins, mais elle ne le lui disait pas. Une ombre noire se dessina tout d'un coup dans l'air bleu au-dessus du fossé. Valentine tressaillit et laissa échapper un cri d'effroi. Louise, posant sa main sur la sienne, lui dit :

— Rassure-toi, c'est un ami : c'est Bénédict.

Valentine fut d'abord contrariée de sa présence au rendez-vous. Il semblait que désormais tous les actes de sa vie amenassent un rapprochement forcé entre elle et ce jeune homme. Cependant elle fut forcée de comprendre que son escorte n'était pas inutile à deux femmes dans cet endroit écarté, surtout à cause de Louise qui était à plus d'une lieue de son gîte. Elle ne put pas non plus s'empêcher de remarquer le sentiment de délicatesse respectueuse qui l'avait fait abstenir de paraître durant leur entretien. Ne fallait-il pas du dévouement d'ailleurs pour monter ainsi la garde pendant deux heures? Tout bien considéré, il y aurait eu de l'ingratitude à lui faire un froid accueil. Elle lui expliqua le billet de sa mère, prit tout le tort sur elle, et le supplia de ne venir au château qu'avec une forte dose de patience et de philosophie. Bénédict jura en riant que rien ne l'ébranlerait; et, après l'avoir reconduite avec Louise jusqu'au bout de la prairie, il reprit avec celle-ci le chemin de la ferme.

Le lendemain il se présenta au château. Par un hasard dont Bénédict ne se plaignit pas, c'était au tour de madame de Raimbault à avoir la migraine. Mais celle-là n'était pas feinte, elle la força de garder le lit. Les choses se passèrent donc autrement que Bénédict ne l'avait espéré. Quand il sut que la comtesse ne se lèverait pas de la journée, il commença par démonter le piano et enlever toutes les touches. Puis il trouva qu'il fallait remettre des *buffles* à tous les marteaux, quantité de cordes rouillées étaient à renouveler; enfin il se créa de l'ouvrage pour tout un jour: car Valentine était là, lui présentant les ciseaux, l'aidant à rouler le laiton sur la bobine, lui donnant la note au diapason, et s'occupant de son piano peut-être plus ce jour-là qu'elle n'avait fait en toute sa vie. De son côté, Bénédict était beaucoup moins habile à cette besogne que Valentine ne l'en avait vanté. Il cassa plus d'une corde en la montant, il tourna plus d'une cheville pour une autre, et souvent dérangea l'accord de toute une gamme pour accorder une note. Pendant ce temps, la vieille marquise allait, venait, toussait, dormait, et ne s'occupait d'eux que pour les mettre plus à l'aise encore. Ce fut une délicieuse journée pour Bénédict. Valentine était si douce, si *unie*, comme l'on dit dans le monde; elle avait une gaieté si naïve, si vraie, une politesse si obligeante, qu'il était impossible de ne pas respirer à l'aise auprès d'elle. Et puis je ne sais comment il se fit qu'au bout d'une heure, par un accord tacite, toute politesse disparut entre eux. Une sorte de camaraderie enfantine et rieuse s'établit. Ils se raillaient de leurs mutuelles maladresses, leurs mains se rencontraient sur le clavier, et, la gaieté chassant l'émotion, ils se querellaient comme de vieux amis. Enfin, vers cinq heures, le piano se trouvant accordé, Valentine imagina un moyen de retenir Bénédict. Un peu d'hypocrisie s'improvisa dans ce cœur de jeune fille; et, sachant que sa mère accordait tout à l'extérieur de la déférence, elle se glissa dans son alcôve.

— Maman, lui dit-elle, M. Bénédict a passé six heures à mon piano, et il n'a pas fini; cependant nous allons nous mettre à table : j'ai pensé qu'il était impossible d'envoyer ce jeune homme à l'office, puisque vous n'y envoyez jamais son oncle, et que vous lui faites servir du vin sur votre propre table. Que dois-je faire? Je n'ai pas osé l'inviter à dîner avec nous, sans savoir de vous si cela était convenable.

La même demande faite en d'autres termes n'eût obtenu qu'une sèche désapprobation. Mais la comtesse était toujours plus satisfaite d'obtenir la soumission à ses principes que l'obéissance passive à ses volontés. C'est le propre de la vanité de vouloir imposer le respect et l'amour de sa domination.

— Je trouve la chose assez convenable, répondit-elle. Puisqu'il s'est rendu à mon billet sans hésiter et qu'il s'est exécuté de bonne grâce, il est juste de lui montrer quelque égard. Allez, ma fille, invitez-le vous-même de ma part.

Valentine triomphante retourna au salon, et heureuse qu'elle était de pouvoir faire quelque chose d'agréable au nom de sa mère, elle lui laissa tout l'honneur de cette invitation. Bénédict surpris hésita à l'accepter. Valentine outrepassa un peu les pouvoirs dont elle était investie en insistant. Comme ils passaient tous trois à table, la marquise dit à l'oreille de Valentine :

— Est-ce que vraiment ta mère a eu l'idée de cette honnêteté? Cela m'inquiète pour sa vie. Est-ce qu'elle est sérieusement malade?

Valentine ne se permit pas de sourire

cette âcre plaisanterie. Tour à tour dépositaire des plaintes et des inimitiés de ces deux femmes, elle était entre elles comme un rocher battu de deux courans contraires.

Le repas fut court, mais enjoué. On passa ensuite sous la charmille pour prendre le café. La marquise était toujours d'assez bonne humeur en sortant de table. De son temps quelques jeunes femmes, dont l'on tolérait la légèreté en faveur de leurs grâces, et peut-être aussi de la diversion que leurs inconvenances apportaient à l'ennui d'une société oisive et blasée, se faisaient fanfaronnes de mauvais ton; à certains visages l'air *mauvais sujet* allait bien. Madame de Provence était le noyau d'une coterie féminine qui *sablait fort bien le champagne*. Un siècle auparavant, *Madame*, belle-sœur de Louis XIV, bonne et grave Allemande qui n'aimait que les *saucisses à l'ail* et la *soupe à la bière*, admirait, chez les dames de la cour de France, et surtout chez madame la duchesse de Berry, la faculté de boire beaucoup sans qu'il y parût, et de supporter à merveille le vin de Constance et le marasquin de Hongrie.

La marquise était donc gaie au dessert. Elle racontait avec cette aisance et ce naturel propres aux gens qui ont vu beaucoup le monde, et qui leur tient lieu d'esprit. Bénédict l'écouta avec surprise. Elle lui parlait une langue qu'il croyait étrangère à sa classe et à son sexe. Elle se servait de mots crus qui ne choquaient pas, tant elle les disait d'un air simple et sans façon. Elle racontait aussi des histoires avec une merveilleuse lucidité de mémoire et une admirable présence d'esprit pour en sauver les situations graveleuses à l'oreille de Valentine. Bénédict levait quelquefois les yeux sur elle avec effroi, et à l'air paisible de la pauvre enfant, il voyait si clairement qu'elle n'avait pas compris, qu'il se demandait s'il avait bien compris lui-même, si son imagination n'avait pas été au-delà du vrai sens. Enfin, il était confondu, étourdi, de tant d'usage avec tant de démoralisation, d'un tel mépris des principes joint à un tel respect des convenances. Le monde que la marquise lui peignait était devant lui comme un rêve auquel il se refusait de croire; et à l'audition de ses moindres *fredaines*, il l'accusait intérieurement de vouloir se vanter de ses écarts pour se venger de la vieillesse qui pesait sur elle de tout son poids.

Ils restèrent assez long-temps sous la charmille. Ensuite Bénédict essaya le piano et chanta. Enfin il se retira assez tard, tout surpris de son intimité avec Valentine, tout ému sans en savoir la cause, mais emplissant son cerveau avec délices de l'image de cette belle et bonne fille qu'il était impossible de ne pas aimer.

XII

A quelques jours de là, madame de Raimbault fut engagée par le préfet à venir *embellir de sa présence* (style consacré) une brillante réunion qui se préparait au chef-lieu du département. C'était à l'occasion du passage de madame la duchesse de Berry qui s'en allait ou qui revenait, je ne sais pas bien lequel, d'un de ses joyeux voyages; femme étourdie et gracieuse qui avait réussi à se faire aimer malgré l'inclémence des temps, et qui long-temps se fit pardonner ses prodigalités par un sourire.

Madame de Raimbault devait être du petit nombre des dames choisies qui seraient présentées à la princesse, et qui prendraient place à sa table privilégiée. Il était donc selon elle impossible qu'elle se dispensât de ce petit voyage, et pour rien au monde elle n'eût voulu en être dispensée.

Fille d'un riche marchand, mademoiselle Chignou avait aspiré aux grandeurs dès son enfance; elle s'était indignée de voir sa beauté, ses grâces de reine, son esprit d'intrigue et d'ambition *s'étioler* (comme on dit à présent) dans l'atmosphère bourgeoise d'un gros capitaliste. Mariée au général comte de Raimbault, elle avait volé avec transport dans le tourbillon des grandeurs de l'Empire; elle était justement la femme qui devait y briller. Vaine, bornée, ignorante, mais sachant ramper devant la royauté, belle de cette beauté imposante et froide pour laquelle semblait avoir été choisi le costume du temps, prompte à s'instruire de l'étiquette, habile à s'y conformer, amoureuse de parures, de luxe, de pompes et de cérémonies, jamais elle n'avait pu concevoir les charmes de la vie intérieure; jamais son cœur vide et altier n'avait goûté les douceurs de la famille. Louise avait déjà dix ans, elle était même très-developpée pour son âge, lorsque madame de Raimbault devint sa belle-mère, et comprit avec effroi qu'avant cinq ans la fille de son mari serait pour elle une rivale. Elle la relégua donc avec sa grand'mère au château de Raimbault, et se promit de ne jamais la présenter dans le monde. Chaque fois qu'en la revoyant elle s'aperçut des progrès de sa beauté, sa froideur pour cette enfant se changea en aversion. Enfin, dès qu'elle put reprocher à cette malheureuse une faute que l'abandon où elle l'avait laissée rendait excusable peut-être, elle se livra à une haine implacable, et la chassa ignominieusement de chez elle. Quelques personnes dans le monde assuraient savoir la cause plus positive de cette inimitié. M. de Neuville, l'homme qui avait séduit Louise, et qui fut tué en duel par le père de cette infortunée, avait été en même temps, dit-on, l'amant de la comtesse et celui de sa belle-fille.

Avec l'Empire s'était évanouie toute la brillante existence de madame de Raimbault : honneurs, fêtes, plaisirs, flatteries, représentation, tout avait disparu comme un songe, et elle s'éveilla un matin, oubliée et délaissée dans la France légitimiste. Plusieurs furent plus habiles, et n'ayant pas perdu de temps à saluer la nouvelle puissance, remontèrent au faîte des grandeurs; mais la comtesse, qui n'avait jamais eu de présence d'esprit, et chez qui les premières impressions étaient violentes, perdit absolument la tête. Elle laissa voir à celles qui avaient été ses compagnes et ses amies toute l'amertume de ses regrets, tout son mépris pour les *têtes poudrées*, toute son irrévérence pour la dévotion réédifiée. Mais ses amies accueillirent ces blasphèmes par des cris d'horreur; elles lui tournèrent le dos comme à une hérétique, et répandirent leur indignation dans les cabinets de toilette et autres appartemens secrets de la famille royale, où elles étaient admises et où leurs voix disposaient des places et des fortunes.

Dans le système des compensations de la couronne, la comtesse de Raimbault fut oubliée. Il n'y eut pas pour elle la plus petite charge de *dame d'atours*. Forcée de renoncer à l'état de domesticité si cher aux courtisans, elle se retira dans ses terres, et se fit *franchement bonapartiste*. Le faubourg Saint-Germain qu'elle avait vu jusqu'alors, rompit avec elle comme *mal pensante*. Les égaux, les *parvenus* lui restèrent, et elle les accepta faute de mieux; mais elle les avait si fort méprisés dans sa prospérité, qu'elle ne trouva autour d'elle aucune affection solide pour la consoler de ses pertes.

A trente-cinq ans il lui avait fallu ouvrir les yeux sur le néant des choses humaines, et c'était un peu tard pour cette femme qui avait perdu sa jeunesse sans la sentir passer dans l'enivrement des joies puériles. Force lui fut de vieillir tout d'un coup. L'expérience ne l'ayant pas détachée de ses illusions une par une, comme cela arrive dans le cours des générations ordinaires, elle ne connut du déclin de l'âge que les regrets et la mauvaise humeur.

Depuis ce temps, sa vie fut un continuel supplice. Tout lui devint sujet d'envie et d'irritation. En vain son ironie la vengeait des ridicules de la Restauration; en vain elle trouvait dans sa mémoire mille brillans souvenirs du passé pour faire la critique par opposition de ces semblans de royauté nouvelle; l'ennui rongeait cette femme dont la vie avait été une fête perpétuelle, et qui maintenant se voyait forcée de végéter à l'ombre de la vie privée.

Les soins domestiques, qui lui avaient toujours été étrangers, lui devinrent odieux; sa fille qu'elle connaissait à peine versa peu de consolations sur ses blessures. Il fallait former cet enfant pour l'avenir, et madame de Raimbault ne pouvait vivre que dans le passé. Le monde de Paris, qui tout d'un coup changea si étrangement de mœurs et de manières, parlait une langue nouvelle qu'elle ne comprenait plus; ses plaisirs l'ennuyaient ou la révoltaient; la solitude l'écrasait de fièvre et d'épouvante. Elle languissait malade de colère et de douleur sur son ottomane autour de laquelle ne venait plus ramper une cour en sous-ordre, miniature de la grande cour du souverain. Ses compagnons de disgrâce venaient chez elle pour gémir sur leurs propres chagrins, et pour insulter aux siens en les niant. Chacun voulait avoir accaparé à lui seul toute la disgrâce des temps et l'ingratitude de la France. C'était un monde de victimes et d'outragés qui se dévoraient entre eux.

Ces égoïstes récriminations augmentaient l'aigreur fébrile de madame de Raimbault. Si de plus heureux venaient lui tendre encore une main amie, et lui dire que les faveurs de Louis XVIII n'avaient point effacé en eux les souvenirs de la cour de Napoléon, elle se vengeait de leur prospérité en les accablant de reproches, en les accusant de trahison envers le grand homme : elle qui n'avait pas pu le trahir de la même manière. Enfin, pour comble de douleur et de consternation, à force de se voir passer au jour devant ses glaces vides et immobiles, à force de se regarder sans parure, sans rouge et sans diamans, boudeuse et flétrie, la comtesse de Raimbault s'aperçut que sa jeunesse et sa beauté avaient fini avec l'Empire.

Maintenant elle avait cinquante ans, et, quoique cette beauté passée ne fût plus écrite sur son front qu'en traces hiéroglyphiques, la vanité qui ne meurt point au cœur des femmes, lui créait de plus vives souffrances qu'en aucun temps de sa vie. Sa fille, qu'elle aimait de cet instinct que la nécessité imprime aux plus perverses natures, était pour elle un continuel sujet de retour vers le passé et de haine du temps présent. Elle ne la produisait dans le monde qu'avec une mortelle répugnance, et si, en la voyant admirée, son premier mouvement était une pensée d'orgueil maternel, le second était une pensée de désespoir. — Son existence de femme commence, se disait-elle; c'en est fait de la mienne! — Aussi, lorsqu'elle pouvait se montrer sans Valentine, elle se sentait moins malheureuse. Il n'y avait plus autour d'elle de ces regards maladroitement complimenteurs qui lui disaient : —C'est ainsi que vous fûtes jadis. Et vous aussi, je vous ai vue belle.

Elle ne raisonnait pas sa coquetterie au point d'enfermer sa fille lorsqu'elle allait dans le monde; mais, pour peu que celle-ci témoignât son humeur sédentaire, la comtesse, sans peut-être s'en rendre bien compte, admettait son refus, partait plus légère, et respirait plus à l'aise dans l'atmosphère agitée des salons.

Garrottée à ce monde oublieux et sans pitié qui n'avait plus pour elle que des déceptions et des déboires, elle se laissait traîner encore comme un cadavre à son char. Où vivre pour elle? Comment tuer le temps, et arriver à la fin de ces jours qui la vieillissaient et qu'elle regrettait dès qu'ils étaient passés? Aux esclaves de la mode, quand toute jouissance d'amour-propre est enlevée, quand tout intérêt de passion est ravi, il reste pour plaisirs le mouvement, la clarté des lustres, le bourdonnement de la foule. Après tous les rêves de l'amour ou de l'ambition, subsiste encore le besoin de bruire, de remuer, de veiller, de dire : — J'y étais hier, j'y serai demain. — C'est un triste spectacle que celui de ces femmes flétries qui cachent leurs rides sous des fleurs, et couronnent leurs fronts hâves de diamans et de plumes. Chez elles, tout est faux, la taille, le teint, les cheveux, le sourire. Chez elles, tout est triste, la parure, le fard, la gaieté. Spectres échappés aux saturnales d'une autre époque, elles viennent s'asseoir aux banquets d'aujourd'hui comme pour donner à la jeunesse une triste leçon de philosophie, comme pour lui dire : — C'est ainsi que vous passerez. — Elles semblent se cramponner à la vie qui les abandonne, et repousser les outrages de la décrépitude en l'étalant nue aux outrages des regards. Femmes dignes de pitié, presque toutes sans famille ou sans cœur, qu'on voit dans toutes les fêtes s'enivrer de poussière, de souvenirs et de bruit !

La comtesse, malgré l'ennui qu'elle y trouvait, n'avait pu se détacher de cette vie creuse et éventée. Tout en disant qu'elle y avait renoncé pour jamais, elle ne manquait pas une occasion de s'y replonger. Lorsqu'elle fut invitée à cette réunion de province que devait présider la princesse, elle ne se sentit pas d'aise, mais elle cacha sa joie sous un air de condescendance dédaigneuse. Elle se flatta même en secret de rentrer en faveur si elle pouvait fixer l'attention de la duchesse, et lui faire voir combien elle était supérieure pour le ton et l'usage à tout ce qui l'entourait. D'ailleurs sa fille allait épouser M. de Lansac, un des favoris de la cause légitime. Il était bien temps de faire un pas vers cette aristocratie du nom qui allait relustrer son aristocratie d'argent. Madame de Raimbault ne haïssait la noblesse que depuis que la noblesse l'avait repoussée. Peut-être le moment était-il venu de voir toutes ces vanités s'humaniser pour elle à un signe de *Madame*.

Elle exhuma donc du fond de sa garde-robe ses plus riches parures, tout en réfléchis-

sant à celles dont elle couvrirait Valentine
pour l'empêcher d'avoir l'air aussi grande et
aussi formée qu'elle l'était réellement. Mais
au milieu de cet examen, il arriva que Valentine, désirant mettre à profit cette semaine
de liberté, devint plus ingénieuse et plus pénétrante qu'elle ne l'avait encore été. Elle
commença à deviner que sa mère élevait
ces graves questions de toilette et créait ces
insolubles difficultés pour l'engager à rester
au château. Quelques mots piquans de la
vieille marquise, sur l'embarras d'avoir une
fille de dix-neuf ans à produire, achevèrent
d'éclairer Valentine. Elle s'empressa de faire
le procès aux modes, aux fêtes, aux déplacemens et aux préfets. Sa mère, étonnée,
abonda dans son sens, et lui proposa de renoncer à ce voyage comme elle y renonçait
elle-même. L'affaire fut bientôt jugée; mais
une heure après, comme Valentine serrait
ses cartons et renfermait ses préparatifs, madame de Raimbault recommença les siens en

disant qu'elle avait réfléchi, qu'il serait inconvenant et dangereux peut-être de ne pas aller faire sa cour à la princesse; qu'elle se sacrifiait à cette démarche toute politique, mais qu'elle dispensait Valentine de la corvée.

Valentine, qui depuis huit jours était devenue singulièrement rusée, renferma sa joie.

Le lendemain, dès que les roues qui emportaient la calèche de la comtesse eurent rayé le sable de l'avenue, Valentine courut demander à sa grand'mère la permission d'aller passer la journée à la ferme avec Athénaïs.

Elle se prétendit invitée par sa jeune compagne à manger du gâteau sur l'herbe. A peine eut-elle parlé de gâteau, qu'elle frémit; car la vieille marquise fut aussitôt tentée d'être de la partie, mais l'éloignement et la chaleur l'y firent renoncer.

Valentine monta à cheval, mit pied à terre à quelque distance de la ferme, renvoya son domestique et sa monture, et prit sa volée comme une tourterelle le long des buissons fleuris qui conduisaient à Grangeneuve.

XIII

ELLE avait trouvé moyen la veille de faire avertir Louise de sa visite. Aussi toute la ferme était en joie et en ordre pour la recevoir. Athénaïs avait mis des fleurs nouvelles dans des vases de cristal bleu. Bénédict avait taillé les arbres du jardin, ratissé les allées, réparé les bancs. Madame Lhéry avait confectionné elle-même la plus belle galette qui se fût vue de mémoire de ménagère. M. Lhéry avait fait sa barbe et tiré le meilleur de son vin. Ce furent des cris de joie et de surprise quand Valentine entra toute seule et sans bruit dans la salle. Elle embrassa comme une folle la mère Lhéry qui lui faisait de grandes révérences; elle serra la main de Bénédict avec vivacité; elle folâtra comme un enfant avec Athénaïs; elle se pendit au cou de sa sœur : jamais Valentine ne s'était sentie si heureuse. Loin des regards de sa mère, loin de la raideur glaciale qui pesait sur tous ses pas, il lui semblait respirer un air plus libre, et pour la première fois, depuis qu'elle était née, vivre de toute sa vie. Valentine était d'une bonne et douce nature : le ciel s'était trompé en envoyant cette ame simple et sans ambition habiter les palais et respirer l'atmosphère des cours. Nulle n'était moins faite pour la vie d'apparat, pour les triomphes de la vanité. Ses plaisirs étaient au contraire tout retirés, tout intérieurs, et plus on lui faisait des crimes de s'y livrer, plus elle aspirait vers cette modeste existence qui lui semblait être la terre promise. Si elle désirait se marier, c'était afin d'avoir un ménage, des enfans, une vie bourgeoise, ignorée. Son cœur avait besoin d'affections immédiates, peu nombreuses, peu variées. A nulle femme la vertu ne semblait devoir être plus facile.

Mais le luxe qui l'environnait, qui prévenait ses moindres besoins, qui devinait jusqu'à ses fantaisies, lui interdisait les petits soins du ménage. Avec vingt laquais autour d'elle, c'eût été un ridicule et presque une apparence de parcimonie, que de se livrer à l'activité de la vie domestique. A peine lui laissait-on le soin de sa volière, et l'on eût pu facilement préjuger du caractère de Valentine en voyant avec quel amour elle s'occupait minutieusement de ces petites créatures.

Lorsqu'elle se vit à la ferme, entourée de

poules, de chiens de chasse, de chevreaux ; lorsqu'elle vit Louise filant au rouet, madame Lhéry faisant la cuisine, Bénédict raccommodant des filets, il lui sembla être là dans la sphère pour laquelle elle était créée. Elle voulut aussi avoir son occupation, et à la grande surprise d'Athénaïs, au lieu d'ouvrir le piano ou de lui demander une bande de sa broderie, elle se mit à tricoter un bas gris qu'elle trouva sur une chaise. Athénaïs s'étonna beaucoup de sa dextérité, et lui demanda si elle savait pour qui elle travaillait avec tant d'ardeur.

— Pour qui? dit Valentine. Moi, je n'en sais rien ; c'est pour quelqu'un de vous toujours, pour toi peut-être.

— Pour moi ces bas gris! dit Athénaïs avec dédain.

— Est-ce à toi, ma bonne sœur? demanda Valentine à Louise.

— Cet ouvrage? dit Louise ; j'y travaille quelquefois : mais c'est maman Lhéry qui l'a commencé. Pour qui? je n'en sais rien non plus.

— Et si c'était pour Bénédict? dit Athénaïs en regardant Valentine avec malice.

Bénédict leva la tête et suspendit son travail pour examiner ces deux femmes en silence.

Valentine avait un peu rougi, mais se remettant aussitôt :

— Eh bien! si c'est pour Bénédict, répondit-elle, c'est bon; j'y travaillerai de bon cœur.

- Elle leva les yeux en riant vers sa jeune compagne. Athénaïs était pourpre de dépit. Je ne sais quel sentiment d'ironie et de méfiance venait d'entrer dans son cœur.

— Ah! ah! dit avec une franchise étourdie la bonne Valentine. Cela me semble ne te faire pas trop de plaisir. Au fait, j'ai tort, Anaïs; je vais là sur tes brisées; j'usurpe des droits qui t'appartiennent. Allons, allons, prends vite cet ouvrage, et pardonne-moi d'avoir mis la main au trousseau.

— Mademoiselle Valentine, dit Bénédict poussé par un sentiment cruel pour sa cousine, si vous ne regrettez pas de travailler pour le plus humble de vos vassaux, continuez, je vous en prie. Les jolis doigts de ma cousine n'ont jamais touché de fil aussi rude et d'aiguilles aussi lourdes.

Une larme roula dans les cils noirs d'Athénaïs. Louise lança un regard de reproche à Bénédict. Valentine étonnée les regarda tous trois alternativement, cherchant à comprendre ce mystère.

Ce qui avait fait le plus de mal à la jeune fermière dans les paroles de son cousin, ce n'était pas tant le reproche de frivolité (elle y était habituée), que le ton de soumission et de familiarité en même temps envers Valentine. Elle savait bien en gros l'histoire de leur connaissance, et jusque-là elle n'avait point songé à s'en alarmer. Mais elle ignorait quel rapide progrès avait fait entre eux une intimité qui ne se serait jamais formée dans des circonstances ordinaires. Elle s'émerveillait douloureusement d'entendre Bénédict, naturellement si rebelle, si hostile aux prétentions de la noblesse, s'intituler l'humble vassal de mademoiselle de Raimbault. Quelle révolution s'était donc opérée dans ses idées? Quelle puissance Valentine exerçait-elle déjà sur lui?

Louise, voyant la tristesse sur tous les visages, proposa une partie de pêche sur le bord de l'Indre, en attendant le dîner. Valentine, qui se sentait instinctivement coupable envers Athénaïs, passa amicalement son bras sous le sien, et se mit à courir avec elle au travers de la prairie. Affectueuse et franche comme elle était, elle réussit bientôt à dissiper le nuage qui s'était élevé dans l'ame de la jeune fille. Bénédict, chargé de son filet et couvert de sa blouse, les suivit par derrière avec Louise, et bientôt tous les quatre arrivèrent sur les rives bordées de lotos et de saponaire.

Bénédict jeta l'épervier. Il était adroit et robuste. Dans les exercices du corps on retrouvait en lui la force, la hardiesse et la grâce rustique du paysan. C'était des qualités qu'Athénaïs n'appréciait pas pour les voir à tous ceux qui l'entouraient, mais Valentine s'en étonnait comme de choses surnaturelles, et elle en faisait volontiers à ce jeune homme un point de supériorité sur les hommes qu'elle connaissait. Elle s'effrayait de le voir se hasarder sur des saules vermoulus qui se penchaient sur l'eau et craquaient sous les pieds; et lorsqu'elle le voyait échapper d'un bond nerveux à une chute certaine, atteindre avec adresse et sang-froid à de petites places unies que l'herbe et les joncs semblaient devoir lui cacher, elle sentait son cœur battre d'une émotion indéfinissable, comme il nous arrive chaque fois que nous voyons accomplir bravement une œuvre périlleuse ou savante.

Il arriva qu'après avoir pris quelques

truites, après que Louise et Valentine, s'élançant avec enfantillage sur l'épervier tout ruisselant, se furent emparées du butin avec des cris de joie, tandis qu'Athénaïs craignant de salir ses doigts, ou gardant rancune à son cousin, se cachait boudeuse à l'ombre des aunes; il arriva, dis-je, que Bénédict, accablé de chaleur, s'assit sur un frêne équarri sur une seule face et jeté d'un bord à l'autre en guise de pont. Éparses sur la fraîche pelouse de la rive, les trois femmes s'occupaient diversement. Athénaïs cueillait des fleurs, Louise jetait mélancoliquement des feuilles dans le courant, et Valentine moins habituée à l'air, au soleil et à la marche, sommeillait à demi, cachée à ce qu'elle croyait par les hautes tiges de la prêle de rivière. Ses yeux, qui errèrent long-temps sur les brillantes plissures de l'eau, et sur un rayon de soleil qui se glissait parmi les branches, vinrent par hasard se reposer sur Bénédict qu'elle découvrait en entier à dix pas devant elle, assis les jambes pendantes sur le pont élastique.

Bénédict n'était pas absolument dépourvu de beauté. Son teint était d'une pâleur bilieuse ; ses yeux, longs, n'avaient pas de couleur ; mais le front était vaste, et d'une extrême pureté. Par un prestige attaché peut-être aux hommes doués de quelque puissance morale, les regards s'habituaient peu à peu aux défauts de sa figure pour n'en plus voir que les beautés ; car certaines laideurs ont les leurs, et celle de Bénédict particulièrement. Son teint blême et uni avait une apparence de calme, qui inspirait comme un respect d'instinct pour cette ame dont aucune altération extérieure ne trahissait les mouvemens. Ces yeux longs, où la prunelle pâle nageait dans un émail blanc et vitreux, avaient une expression vague et mystérieuse qui devait piquer la curiosité de tout observateur. Mais ces yeux étranges auraient désespéré toute la science de Lavater ; ils sembaient lire avant dans ceux d'autrui, et leur immobilité était métallique quand ils avaient à se méfier d'un examen indiscret; une femme n'en pouvait soutenir l'éclat quand elle était belle; un ennemi n'y pouvait surprendre le secret d'aucune faiblesse. C'était un homme qu'on pouvait toujours regarder sans le trouver au-dessous de lui-même; un visage qui pouvait s'abandonner à la distraction sans enlaidir comme la plupart des autres; une physionomie qui attirait comme l'aimant. Aucune femme ne le voyait avec indifférence, et, si la bouche le dénigrait parfois, l'imagination n'en perdait pas aisément l'empreinte; personne ne le rencontrait pour la première fois sans le suivre des yeux aussi long-temps que possible; aucun artiste ne pouvait le voir sans en admirer la singularité et sans désirer de la reproduire.

Lorsque Valentine le regarda, il était plongé dans une de ces rêveries profondes dont l'habitude semblait lui être familière. La teinte du feuillage qui l'abritait envoyait à son large front un reflet verdâtre ; ses yeux fixés sur l'eau semblaient ne saisir aucun objet; le fait est qu'ils saisissaient parfaitement l'image de Valentine réfléchie dans l'onde immobile. Il se plaisait à cette contemplation dont l'objet s'évanouissait chaque fois qu'une brise légère ridait la surface du miroir. Puis l'image gracieuse se reformait peu à peu, flottait d'abord incertaine et vague, et se fixait enfin belle et limpide sur la masse cristalline. Bénédict ne pensait pas, il contemplait, il était heureux, et c'est dans ces momens-là qu'il était beau.

Valentine avait toujours entendu dire que Bénédict était laid. Dans les idées de la province où, suivant la spirituelle définition de Stendhal, un *bel homme* est toujours gros et rouge, Bénédict était le plus disgracié des jeunes gens. Valentine n'avait jamais regardé Bénédict avec attention; elle avait conservé le souvenir de l'impression qu'elle avait

reçue en le voyant pour la première fois.
Cette impression n'était pas favorable. C'est
depuis quelques instans seulement qu'elle
commençait à lui trouver un charme inexprimable. Plongée elle-même dans une rêverie
où nulle réflexion précise ne trouvait place,
elle se laissait aller à cette dangereuse curiosité qui analyse et qui compare. Elle trouvait
une immense différence entre Bénédict et
M. de Lansac. Elle ne demandait pas à l'avantage duquel était cette différence; seulement elle la constatait. Comme M. de Lansac
était beau, et qu'il était son fiancé, elle ne
s'inquiétait pas du résultat de cette contemplation imprudente. Elle ne pensait pas qu'il
pouvait en sortir vaincu.

Et c'est pourtant ce qui arriva. Bénédict,
pâle, fatigué, pensif, les cheveux en désordre; Bénédict, vêtu d'habits grossiers et
couverts de vase, le cou nu et hâlé; Bénédict, assis négligemment au milieu de cette
belle verdure, au-dessus de ces belles eaux;

Bénédict qui regardait Valentine à l'insu de Valentine, et qui souriait de bonheur et d'admiration, Bénédict alors était un homme, un homme des champs et de la nature, un homme dont la mâle poitrine pouvait palpiter d'un amour violent, un homme s'oubliant lui-même dans la contemplation de ce que Dieu a créé de plus beau. Je ne sais quelles émanations magnétiques nageaient dans l'air embrasé autour de lui; je ne sais quelles émotions mystérieuses, indéfinies, involontaires, firent tout d'un coup battre le cœur ignorant et pur de la jeune comtesse.

M. de Lansac était un dandy régulièrement beau, parfaitement spirituel, parlant au mieux, riant à propos, ne faisant jamais rien hors de place; son visage ne faisait jamais un pli, pas plus que sa cravate; sa toilette, on le voyait dans les plus petits détails, était pour lui une affaire aussi importante, un devoir aussi sacré que les plus hautes délibérations de la diplomatie. Jamais il n'avait rien admiré, ou du moins il n'admirait plus rien désormais, car il avait vu les plus grands potentats de l'Europe; il avait contemplé froidement les plus hautes têtes de la société ; il avait plané dans la région culminante du monde, et il avait discuté de l'existence des nations entre le dessert et le café. Valentine l'avait toujours vu dans le monde, en tenue, sur ses gardes, exhalant des parfums et ne perdant pas une ligne de sa taille. En lui, elle n'avait jamais aperçu l'homme; le matin, le soir, M. de Lansac était toujours le même. Il se levait secrétaire d'ambassade; il se couchait secrétaire d'ambassade; il ne rêvait jamais; il ne s'oubliait jamais devant personne jusqu'à commettre l'inconvenance de méditer; il était impénétrable comme Bénédict, mais avec cette différence qu'il n'avait rien à cacher en lui, qu'il ne possédait pas une volonté en propre, et que son cerveau ne renfermait que les niaiseries solennelles de la diplomatie. Enfin M. de Lansac, homme sans passion généreuse, sans jeunesse morale, déjà usé et flétri au dedans par le commerce du monde, incapable d'apprécier Valentine, la louant sans cesse et ne l'admirant jamais, n'avait jamais excité en elle un de ces mouvemens rapides, irrésistibles, qui transforment, qui éclairent, qui entraînent avec impétuosité vers une existence nouvelle.

Imprudente Valentine! elle savait si peu ce que c'est que l'amour, qu'elle croyait aimer son fiancé, non pas il est vrai avec passion, mais de toute sa puissance d'aimer. Parce que cet homme ne lui inspirait rien, elle croyait son cœur incapable d'éprouver davantage. Elle ressentait déjà l'amour à l'ombre de ces arbres; dans cet air chaud et vif, son sang commençait à s'éveiller, et plusieurs fois en regardant Bénédict elle sentit comme une chaleur étrange monter de son cœur à son front, et l'ignorante fille ne comprit point ce qui l'agitait ainsi. Elle ne s'en effraya pas. Elle était fiancée à M. de Lansac:

Bénédict était fiancé à sa cousine. C'étaient là de belles raisons; mais Valentine, habituée à regarder ses devoirs comme faciles à remplir, ne croyait pas qu'un sentiment mortel à ses devoirs pût s'élever en elle.

XIV

Bénédict regardait d'abord l'image de Valentine avec calme ; peu à peu une sensation pénible, plus prompte et plus vive que celle qu'elle éprouvait elle-même, le força de changer de place et d'essayer de s'en distraire. Il reprit ses filets et les jeta de nouveau, mais il ne put rien prendre, il était distrait. Ses yeux ne pouvaient pas se détacher de ceux de Valentine; soit qu'il se penchât sur l'escarpement de la rivière, soit qu'il se hasardât sur les pierres tremblantes ou sur les grès polis et glissans, il surprenait toujours le regard de Valentine qui l'épiait, qui le couvait pour ainsi dire avec sollicitude. Valentine ne savait pas dissimuler, elle ne croyait pas en cette circonstance en avoir le moindre motif. Bénédict palpitait fortement sous ce regard si naïf et si affectueux. Il était fier pour la première fois de sa force et de son courage. Il traversa une écluse que le courant franchissait avec furie; en trois sauts il fut à l'autre bord. Il se retourna; Valentine était pâle : Bénédict se gonfla d'orgueil.

Et puis, comme elles revenaient à la ferme par un long détour au travers des prés, et marchaient toutes trois devant lui, il réfléchit un peu. Il se dit que de toutes les folies qu'il pût faire, la plus misérable, la plus fatale au repos de sa vie, serait d'aimer mademoiselle de Raimbault. Mais, l'aimait-il donc?

— Non! se dit Bénédict en haussant les épaules, je ne suis pas si fou, cela n'est pas. Je l'aime aujourd'hui, comme je l'aimais hier, d'une affection toute fraternelle, toute paisible....

Il ferma les yeux sur tout le reste, et rappelé par un regard de Valentine, il doubla le pas et se rapprocha d'elle, résolu de savourer le charme qu'elle savait répandre autour d'elle, et qui *ne pouvait pas* être dangereux.

La chaleur était si forte que ces trois femmes délicates furent forcées de s'asseoir en chemin. Elles se mirent au frais dans un enfoncement qui avait été un bras de la rivière, et qui, desséché depuis peu, nourrissait une superbe végétation d'osiers et de fleurs sauvages. Bénédict, écrasé du poids de son filet garni de plomb, se jeta par terre à quelques pas d'elles. Mais au bout de cinq minutes toutes trois étaient autour de lui, car toutes trois l'aimaient : Louise avec une ardente reconnaissance à cause de Valentine, Valentine soi-disant à cause de Louise, et Athénaïs à cause d'elle-même.

Mais elles ne furent pas plutôt installées auprès de lui, sous prétexte qu'il y avait plus d'ombrage, que Bénédict se traîna plus près de Valentine sous prétexte que le soleil gagnait de l'autre côté. Il avait mis le poisson dans son mouchoir, et il s'essuyait le front avec sa cravate.

— Cela doit être agréable, lui dit Valentine en le raillant, une cravate de reps! J'aimerais autant une poignée de ces feuilles de houx.

— Si vous étiez une personne humaine, vous auriez pitié de moi au lieu de me critiquer, répondit Bénédict.

— Voulez-vous mon fichu? dit Valentine, je n'ai que cela à vous offrir.

Bénédict tendit la main sans répondre. Valentine détacha le foulard qu'elle avait autour du cou.

— Tenez, voici mon mouchoir, dit Athénaïs vivement, en jetant à Bénédict un petit carré de baptiste brodé et garni de dentelle.

— Votre mouchoir n'est bon à rien, répondit Bénédict en s'emparant de celui de Valentine avant qu'elle eût songé à le lui retirer.

Il ne daigna même pas ramasser celui de sa cousine, qui tomba sur l'herbe à côté de lui. Athénaïs, blessée jusqu'au cœur, s'éloigna et reprit en boudant le chemin de la ferme. Louise, qui comprenait son chagrin, courut après elle pour la raisonner, pour lui démontrer combien cette jalousie était une ridicule pensée; et pendant ce temps Bénédict et Valentine, qui ne s'apercevaient de rien, restèrent seuls dans la ravine, à deux pas l'un de l'autre, Valentine assise et feignant de jouer avec des pâquerettes, Bénédict couché, pressant ce mouchoir brûlant sur son front, sur son cou, sur sa poitrine, et regardant Valentine d'un regard dont elle sentait le feu sans oser le voir.

Et elle resta ainsi sous le charme de ce fluide électrique qui à son âge et à celui de Bénédict, avec des cœurs si neufs, des imaginations si timides et des sens dont rien n'a émoussé l'ardeur, a tant de puissance et de magie! Ils ne se dirent rien, ils n'osèrent échanger ni un sourire, ni un mot. Valentine resta fascinée à sa place, Bénédict s'oublia dans la sensation d'un bonheur impétueux, et lorsque la voix de Louise les rappela, ils quittèrent ce lieu où l'amour venait de parler secrètement, mais énergiquement, au cœur l'un de l'autre.

Louise revint vers eux.

— Athénaïs est fâchée, leur dit-elle. Bénédict, vous la traitez mal; vous n'êtes pas généreux. Valentine, dites-le lui, ma chérie.

Engagez-le à mieux reconnaître l'affection de sa jolie cousine.

Une sensation de froid gagna le cœur de Valentine. Elle ne comprit rien au sentiment de douleur inouïe qui s'empara d'elle à cette pensée. Cependant elle maîtrisa vite ce mouvement, et regardant Bénédict avec surprise :

—Vous avez donc affligé Athénaïs? lui dit-elle dans la sincérité de son ame ; je ne m'en suis pas aperçue. Que lui avez-vous donc dit?

— Eh! rien, dit Bénédict en haussant les épaules, elle est folle!

— Non! elle n'est pas folle, dit Louise avec sévérité, c'est vous qui êtes dur et injuste. Bénédict, mon ami, ne troublez pas ce jour si doux pour moi, par une faute nouvelle. Le chagrin de notre jeune amie détruit tout mon bonheur et tout celui de Valentine.

— C'est vrai, dit Valentine en passant son bras sous celui de Bénédict à l'exemple de

Louise qui l'entraînait de l'autre côté. Allons rejoindre cette pauvre enfant, et si vous avez eu en effet des torts envers elle, réparez-les afin que nous soyons toutes heureuses aujourd'hui.

Bénédict s'arrêta brusquement en sentant ce bras de Valentine qui se glissait sous le sien. Il le pressa insensiblement contre sa poitrine, et finit par l'y tenir si bien qu'elle n'eût pas pu le retirer sans avoir l'air de s'apercevoir de son émotion. Il valait mieux feindre d'être insensible à ces pulsations violentes qui soulevaient le sein du jeune homme. D'ailleurs, Louise les entraînait après Athénaïs qui se faisait une malice de doubler le pas pour se faire suivre. Qu'elle se doutait peu, la pauvre fille, de la situation de son fiancé! Palpitant, ivre de joie entre ces deux sœurs, l'une qu'il avait aimée et l'autre qu'il allait aimer, Louise qui la veille lui faisait éprouver encore quelques réminiscences d'un amour à peine guéri, Valentine qui commençait à l'enivrer de toutes les ardeurs d'une passion nouvelle : Bénédict ne savait pas trop encore vers qui allait son cœur, et s'imaginait par instans que c'était vers toutes les deux, tant on est riche d'amour à vingt ans ! Et toutes deux l'entraînaient pour qu'il mît aux pieds d'une autre ce pur hommage que chacune d'elles peut-être regrettait de ne pouvoir accepter. Pauvres femmes, pauvre société où le cœur n'a de véritables jouissances que dans l'oubli de tout devoir et de toute raison !

Au détour d'un chemin, Bénédict s'arrêta tout-à-coup, et pressant leurs mains dans chacune des siennes, il les regarda alternativement : Louise d'abord avec une amitié tendre, Valentine ensuite avec moins d'assurance et plus de vivacité.

— Vous voulez donc, leur dit-il, que j'aille apaiser les caprices de cette petite fille ? Eh bien ! pour vous faire plaisir j'irai ; mais vous m'en saurez gré, j'espère !

— Comment faut-il que nous vous poussions à une chose que votre conscience devrait vous dicter? lui dit Louise.

Bénédict sourit et regarda Valentine.

— En effet, dit celle-ci avec un trouble mortel dans l'esprit, n'est-elle pas digne de votre affection? n'est-elle pas la femme que vous devez épouser?

Un éclair passa sur le large front de Bénédict. Il laissa tomber la main de Louise, et gardant un instant encore celle de Valentine qu'il pressa insensiblement :

— Jamais! s'écria-t-il en levant les yeux au ciel comme pour y enregistrer son serment en présence de ces deux témoins.

Puis son regard sembla dire à Louise : — Jamais cet amour n'entrera dans un cœur où vous avez régné. — A Valentine : — Jamais : car vous y régnerez éternellement.

Et il se mit à courir après Athénaïs, laissant les deux sœurs confondues de surprise.

Il faut l'avouer, ce mot *jamais* fit une telle

impression sur Valentine, qu'il lui sembla qu'elle allait tomber. Jamais joie aussi égoïste, aussi cruelle, n'envahit de force les replis d'une ame généreuse.

Elle resta un instant sans pouvoir se remettre; puis, s'appuyant sur le bras de sa sœur sans songer, l'ingénue, que le tremblement de son corps était facile à apercevoir :

— Qu'est-ce donc que cela veut dire? lui demanda-t-elle.

Mais Louise était si absorbée elle-même dans ses pensées, qu'elle se fit répéter deux fois cette question sans l'entendre. Enfin elle répondit qu'elle n'y comprenait rien.

Bénédict atteignit sa cousine en trois sauts, et passant un bras autour de sa taille :

— Vous êtes fâchée? lui dit-il.

— Non, répondit la jeune fille d'un ton qui exprimait qu'elle l'était beaucoup.

— Vous êtes un enfant, lui dit Bénédict; vous doutez toujours de mon amitié.

— Votre amitié? dit Athénaïs avec dépit; je ne vous la demande pas.

— Ah! vous la repoussez donc? Alors....

Bénédict s'éloigna de quelques pas. Athénaïs se laissa tomber, pâle et ne respirant plus, sur un vieux saule abattu au bord du chemin.

Aussitôt Bénédict se rapprocha; il ne l'aimait pas assez pour vouloir entrer en discussion avec elle; il valait mieux profiter de son émotion que de perdre du temps à la raisonner.

— Voyons, ma cousine, lui dit-il d'un ton sévère qui dominait entièrement la pauvre Athénaïs; voulez-vous cesser de me bouder?

— Est-ce donc moi qui boude? répondit-elle en fondant en larmes.

Bénédict se pencha vers elle, et déposa un baiser sur un cou frais et brun que n'avait point rougi le hâle des champs. La jeune fermière frémit de plaisir, et se jeta dans les bras de son cousin. Bénédict éprouva un cruel malaise. Athénaïs était à coup sûr une fort belle personne ; de plus, elle l'aimait, et se croyant destinée à lui, elle le lui montrait ingénument. Il était bien difficile à Bénédict de se garantir d'un certain amour-propre et d'une sensation de plaisir toute physique en recevant ses caresses. Cependant sa conscience lui ordonnait de repousser toute pensée d'union avec cette jeune personne, car il sentait que son penchant était à jamais enchaîné ailleurs.

Il se hâta donc de se lever et d'entraîner Athénaïs vers ses deux compagnes, après l'avoir embrassée. C'est ainsi que se terminaient toutes leurs querelles. Bénédict, qui ne voulait pas, qui ne pouvait pas dire sa pensée, évitait toute explication, et, au moyen de quelques marques d'amitié, réussissait toujours à apaiser la crédule Athénais.

En rejoignant Louise et Valentine, la fiancée de Bénédict se jeta au cou de cette dernière avec effusion. Son cœur facile et bon abjura sincèrement toute rancune, et Valentine, en lui rendant ses caresses, sentit comme un remords s'élever en elle.

Néanmoins la gaieté qui se peignait sur les traits de Bénédict les entraîna toutes trois. Bientôt elles rentrèrent à la ferme, rieuses et folâtres. Le dîner n'étant pas prêt, Valentine voulut faire le tour de la ferme, visiter les bergeries, les vaches, le pigeonnier. Bénédict s'occupait peu de tout cela, et cependant il aurait su bon gré à sa fiancée de s'en occuper. Lorsqu'il vit mademoiselle de Raimbault entrer dans les étables, courir après les jeunes agneaux, les prendre dans ses bras, caresser toutes les bestioles favorites de madame Lhéry, donner même à manger sur sa main blanche aux grands bœufs de trait qui la regardaient d'un air hébété, il sourit d'une pensée flatteuse et cruelle qui lui vint: c'est que Valentine semblait bien plus faite qu'Athénaïs pour être sa femme; c'est qu'il y avait eu erreur dans la dispensation de ces deux natures, et que Valentine, bonne et franche fermière, lui aurait fait aimer la vie domestique.

— Que n'est-elle la fille de madame Lhéry! se dit-il; je n'aurais jamais eu l'ambition d'apprendre, et même encore aujourd'hui je renoncerais à la vaine rêverie de jouer un rôle dans le monde. Je me ferais paysan avec joie; j'aurais une existence utile, positive : avec Valentine, au fond de cette belle vallée, je serais poëte et laboureur; poëte pour l'admirer, laboureur pour la servir. Ah! que j'oublierais facilement la foule qui bourdonne au sein des villes!

Il se livrait à ces pensées en suivant Valentine au travers des granges dont elle se plaisait à respirer l'odeur saine et champêtre. Tout d'un coup elle lui dit en se retournant vers lui :

— Je crois vraiment que j'étais née pour être fermière! Oh! que j'aurais aimé cette vie simple et ces calmes occupations de tous les jours! J'aurais fait tout moi-même comme madame Lhéry; j'aurais élevé les plus beaux troupeaux du pays; j'aurais eu de belles poules hupées et des chèvres que j'aurais mené brouter dans les buissons. Si vous saviez combien de fois dans les salons, au milieu des fêtes, ennuyée du bruit de cette foule, je me suis prise à rêver que j'étais une gardeuse de moutons, assise au coin d'un pré! Mais l'orchestre m'appelait dans la cohue, et mon rêve était l'histoire du pot au lait!

Appuyé contre un râtelier, Bénédict l'écoutait avec attendrissement, car elle venait de répondre tout haut, par une liaison d'idées sympathiques, aux vœux qu'il avait formés tout bas.

Ils étaient seuls. Bénédict voulut se hasarder à poursuivre ce rêve.

— Mais s'il vous avait fallu épouser un paysan? lui dit-il.

— Au temps où nous vivons, répondit-elle, il n'y a plus de paysans. Ne recevons-nous pas la même éducation dans presque toutes les classes? Athénaïs n'a-t-elle pas plus de talens que moi? Un homme comme vous n'est-il pas très-supérieur par ses connaissances à une femme comme moi?

— N'avez-vous pas les préjugés de la naissance? reprit Bénédict.

— Mais je me suppose fermière; je n'aurais pas pu les avoir.

— Ce n'est pas une raison; Athénaïs est née fermière, et elle est bien fâchée de n'être pas née comtesse.

— Oh! qu'à sa place je m'en réjouirais, au contraire! dit-elle avec vivacité.

Et elle resta pensive, appuyée sur la crêche, vis-à-vis de Bénédict, les yeux fixés à terre, et ne songeant pas qu'elle venait de lui dire des choses qu'il aurait payées de son sang.

Bénédict s'enivra long-temps des images folles et flatteuses que cet entretien venait d'éveiller. Sa raison s'endormit dans ce doux silence, et toutes les idées riantes et trompeuses prirent la volée. Il se vit maître, époux et fermier dans la Vallée-Noire. Il vit dans Valentine sa compagne, sa ménagère, sa plus belle propriété. Il rêva tout éveillé, et deux ou trois fois il s'abusa au point d'être près de l'aller presser dans ses bras. Quand le bruit des voix l'avertit de l'approche de Louise et d'Athénaïs, il s'enfuit par un côté opposé, et courut se cacher dans un coin obscur de la grange, derrière les meules de blé. Là il pleura comme un enfant, comme une femme, comme il ne se souvenait pas d'avoir pleuré; il pleura ce rêve qui venait de l'enlever un instant au monde existant, et qui lui avait donné plus de joie en quelques minutes d'illusion qu'il n'en avait goûté dans toute une vie de réalité. Quand il eut essuyé ses larmes, quand il revit Valentine, toujours sereine et douce, interroger son visage avec une muette sollicitude, il fut heureux encore;

il se dit qu'il y avait plus de bonheur et de gloire à être aimé en dépit des hommes et de la destinée, qu'à obtenir sans peine et sans péril une affection légitime. Il se plongea jusqu'au cou dans cette mer trompeuse de souhaits et de chimères; il retomba dans son rêve. A table il se plaça auprès de Valentine; il s'imagina qu'elle était la maîtresse chez lui. Comme elle aimait volontiers à se charger de tout l'embarras du service, découpait, faisait les portions et se plaisait à être utile à tous, Bénédict la regardait d'un air stupide de joie; il lui tendait son assiette, ne lui adressait plus une seule de ces politesses d'usage qui rappellent à chaque instant les conventions et les distances, et quand il voulait qu'elle lui servît de quelque mets, il lui disait en tendant son assiette :

— A moi, madame la fermière !

Quoiqu'on bût le vin du crû à la ferme, M. Lhéry avait en réserve, pour les grandes occasions, d'excellent champagne, mais personne n'y fit honneur. L'ivresse morale était assez forte. Tous ces êtres jeunes et sains n'avaient pas besoin d'exciter leurs nerfs et de fouetter leur sang. Après le dîner ils jouèrent à se cacher et à se poursuivre à travers les prés. M. et madame Lhéry eux-mêmes, libres enfin des soins de la journée, se mirent de la partie. On y admit encore une jolie servante de ferme et les enfans du métayer. Bientôt la prairie ne retentit plus que de rires et de cris joyeux. Ce fut le dernier coup pour la raison de Bénédict. Poursuivre Valentine, ralentir sa course pour la laisser fuir devant lui et la forcer de s'égarer dans les buissons, puis fondre sur elle à l'improviste, s'amuser de ses cris, de ses ruses; la joindre enfin et n'oser la toucher, mais voir son sein agité, ses joues vermeilles et ses yeux humides : c'en était trop pour un seul jour.

Athénaïs, remarquant en elle-même ces fréquentes absences de Bénédict et de Valentine, et voulant faire courir aussi après elle, proposa de bander les yeux au poursuivant. Elle serra malicieusement le mouchoir à Bénédict, s'imaginant qu'il ne pourrait plus choisir sa proie; mais Bénédict s'en souciait bien! L'instinct de l'amour, ce charme puissant et magique qui fait reconnaître à l'amant l'air où sa maîtresse a passé, le guidait aussi bien que ses yeux; il atteignait toujours Valentine, et plus heureux qu'à l'autre jeu, il pouvait la saisir dans ses bras, et, feignant de ne pas la reconnaître, l'y garder longtemps. Ces jeux-là sont la plus dangereuse chose du monde. Il faudrait se faire couper les deux bras pour y jouer tranquillement.

Enfin la nuit vint, Valentine parla de se retirer; Bénédict était auprès d'elle, et ne sut pas dissimuler son chagrin.

— Déjà! s'écria-t-il d'une grosse et rude manière qui porta jusqu'au fond du cœur de Valentine la conviction de la vérité.

—Déjà! en effet, répondit-elle; cette journée m'a semblé bien courte.

Et elle embrassa sa sœur; mais n'avait-elle songé qu'à Louise en le disant!

On apprêta la carriole. Bénédict se promettait encore quelques instans de bonheur, mais l'arrangement des places trompa son attente. Louise se mit tout au fond pour n'être pas aperçue aux environs du château. Sa sœur se mit auprès d'elle. Athénaïs s'assit sur la banquette de devant, auprès de son cousin; il en eut tant d'humeur, qu'il ne lui adressa pas un mot pendant toute la route.

A l'entrée du parc, Valentine le pria d'arrêter à cause de Louise qui craignait toujours d'être vue malgré l'obscurité. Bénédict sauta à terre et l'aida à descendre. Tout était sombre et silencieux autour de cette riche demeure que Bénédict eût voulu voir engloutir. Valentine embrassa sa sœur et Athénaïs, tendit la main à Bénédict qui, cette fois, osa la baiser, et s'enfuit dans le parc. Au travers de la grille Bénédict vit pendant quelques instans flotter sa robe blanche qui s'éloignait parmi les arbres; il aurait oublié là toute la terre si Athénaïs, l'appelant du fond de la carriole, ne lui eût dit avec aigreur :

—Eh bien! allez-vous nous laisser coucher ici?

XV

Personne ne dormit à la ferme dans la nuit qui suivit cette journée. Athénaïs se trouva mal en rentrant; sa mère en conçut une vive inquiétude, et ne consentit à se coucher que pressée par les instances de Louise. Celle-ci s'engagea à passer la nuit dans la chambre de sa jeune compagne, et Bénédict se retira dans la sienne où, partagé entre la joie et le remords, il ne put goûter un instant de repos.

Après la fatigue d'une attaque de nerfs, Athénaïs s'endormit profondément; mais bientôt les chagrins qui l'avaient torturée durant le jour se présentèrent dans les images de son sommeil, et elle se mit à pleurer amèrement. Louise, qui s'était assoupie sur une chaise, s'éveilla en sursaut en l'entendant sangloter, et, se penchant vers elle, lui demanda avec affection la cause de ses larmes. N'en obtenant pas de réponse, elle s'aperçut qu'elle dormait, et se hâta de l'arracher à cet état pénible. Louise était la plus compatissante personne du monde; elle avait tant souffert pour son compte, qu'elle sympathisait avec toutes les peines d'autrui. Elle mit en œuvre tout ce qu'elle possédait de douceur et de bonté pour consoler la jeune fille; mais celle-ci se jetant à son cou :

— Pourquoi voulez-vous me tromper aussi ? s'écria-t-elle. Pourquoi voulez-vous prolonger une erreur qui doit cesser entièrement tôt ou tard ? Mon cousin ne m'aime pas ; il ne m'aimera jamais, vous le savez bien ! Allons, convenez qu'il vous l'a dit ?

Louise était fort embarrassée de lui répondre. Après le *jamais* qu'avait prononcé Bénédict (mot dont elle ne pouvait apprécier la valeur), elle n'osait pas répondre de l'avenir à sa jeune amie, dans la crainte en effet de lui apprêter une déception. D'un autre côté elle aurait voulu lui trouver un motif de consolation, car sa douleur l'affligeait sincèrement. Elle s'attacha donc à lui démontrer que si son cousin n'avait pas d'amour pour elle, du moins il n'était pas vraisemblable qu'il en eût pour aucune autre femme, et elle s'efforça de lui faire espérer qu'elle triompherait de sa froideur ; mais Athénaïs n'écouta rien.

— Non, non, ma chère demoiselle, répondit-elle en essuyant tout-à-coup ses larmes, il faut que j'en prenne mon parti; j'en mourrai peut-être de chagrin, mais enfin je ferai mon possible pour en guérir. Il est trop humiliant de se voir méprisée ainsi! J'ai bien d'autres aspirans! Si Bénédict croit qu'il était le seul dans le monde à me faire la cour, il se trompe. J'en connais qui ne me trouveront pas si indigne d'être recherchée. Il verra! il verra que je m'en vengerai, que je ne serai pas long-temps au dépourvu, que j'épouserai Georges Simonneau, ou Pierre Blutty, ou bien encore Blaise Moret! Il est vrai que je ne peux pas les souffrir. Oh! oui, je sens bien que je haïrai l'homme qui m'épousera à la place de Bénédict! Mais c'est lui qui l'aura voulu; et, si je suis une mauvaise femme, il en répondra devant Dieu!

— Tout cela n'arrivera pas, ma chère enfant, reprit Louise; vous ne trouverez point parmi vos nombreux adorateurs un homme que vous puissiez comparer à Bénédict pour l'esprit, la délicatesse et les talens ; comme de son côté, il ne trouvera jamais une femme qui vous surpasse en beauté et en attachement....

— Oh! pour cela, arrêtez, ma bonne demaiselle Louise, arrêtez ; je ne suis pas aveugle, ni vous non plus. Il est bien facile de voir quand on a des yeux, et M. Bénédict ne se donne pas beaucoup de peine pour échapper aux nôtres. Rien n'a été si clair pour moi que sa conduite d'aujourd'hui. Ah! si ce n'était pas votre sœur, que je la haïrais!

— Haïr Valentine! elle! votre compagne d'enfance, qui vous aime tant, qui est si loin d'imaginer ce que vous soupçonnez! Valentine si amicale et si bienveillante de cœur, mais si fière par modestie! Ah! qu'elle souffrirait, Athénaïs, si elle pouvait deviner ce qui se passe en vous!

— Ah! vous avez raison! dit la jeune fille en recommençant à pleurer; je suis bien injuste, bien impertinente de l'accuser d'une chose semblable! Je sais bien que, si elle en avait la pensée, elle frémirait d'indignation. Eh bien! voilà ce qui me désespère pour Bénédict; voilà ce qui me révolte de sa folie; c'est de le voir se rendre malheureux à plaisir. Qu'espère-t-il donc? quel égarement d'esprit le pousse à sa perte? Pourquoi faut-il qu'il s'éprenne de la seule femme qui ne pourra jamais être rien pour lui, tandis que sous sa main il y en a une qui lui apporterait jeunesse, amour, fortune? O Bénédict! Bénédict! quel homme êtes-vous donc! Et moi, quelle femme suis-je aussi, puisque je ne peux pas me faire aimer! Vous m'avez toutes trompée! vous m'avez dit que j'étais jolie, que j'avais des talens, que j'étais aimable et faite pour plaire. Vous m'avez trompée; vous voyez bien que je ne plais pas!

Athénaïs passa ses mains dans ses cheveux noirs, comme si elle eût voulu les arracher; mais son regard tomba sur la toilette de citronnier ouverte à côté de son lit, et le miroir lui donna un si formel démenti qu'elle se réconcilia un peu avec elle-même.

— Vous êtes bien enfant! lui dit Louise. Comment pouvez-vous croire que Bénédict soit déjà épris de ma sœur qu'il n'a vue que trois fois?

— Que trois fois! Oh! que trois fois!

— Mettons-en quatre ou cinq, qu'importe? Certes, s'il l'aimait ce serait depuis peu; car, hier encore, il me disait que Valentine était la plus belle, la plus estimable des femmes....

— Voyez-vous! la plus belle, la plus estimable....

— Attendez donc. Il disait qu'elle était digne des hommages de toute la terre, et que son mari serait le plus heureux des hommes; et cependant, ajoutait-il, je crois que je pourrais vivre dix ans auprès d'elle sans en devenir amoureux, tant sa confiante franchise m'inspire de respect, tant son front pur et serein répand de calme autour d'elle.

— Il disait cela hier?

— Je vous le jure par l'amitié que j'ai pour vous.

— Eh bien! oui; mais c'était hier? Aujourd'hui tout cela est bien changé!

— Croyez-vous donc que Valentine ait perdu le charme qui la rendait si imposante?

— Peut-être en a-t-elle acquis d'autres; qui sait? l'amour vient si vite! Moi, il n'y a guère qu'un mois que j'aime mon cousin. Avant je ne l'aimais pas; je ne l'avais pas vu depuis qu'il était sorti du collége, et dans ce temps-là j'étais si jeune! Et puis je me souvenais de l'avoir vu si grand, si gauche, si embarrassé de ses bras trop longs de moitié pour ses manches! Mais quand je l'ai retrouvé si élégant, si aimable, ayant si bonne tournure, sachant tant de choses, et puis ayant ce regard un peu sévère qui lui sied si bien et qui fait que j'ai toujours peur de lui.... oh! de ce moment-là je l'ai aimé, et je l'ai aimé tout d'un coup : du soir au matin mon cœur a été surpris. Qui empêche que Valentine ait pris le sien de même aujourd'hui? Elle est bien belle, Valentine, elle a toujours l'esprit de dire ce qui est dans les idées de Bénédict. Il semble qu'elle devine ce qu'il a envie de lui entendre dire; et moi je fais tout le contraire. Où prend-elle cet esprit-là? Ah! c'est bien plutôt parce qu'il est disposé à admirer tout ce qu'elle dit. Et puis, quand ce ne serait qu'une fantaisie commencée ce matin, finie ce soir; quand demain il viendrait encore me tendre la main et me dire : — Faisons la paix; — je vois bien que je ne l'ai pas fixé, que je ne le fixerai pas. Voyez quelle belle vie j'aurais étant sa femme, s'il me fallait toujours pleurer de rage, toujours sécher de jalousie! Non, non, il vaut mieux se faire une raison et y renoncer.

— Eh bien! ma chère belle, dit Louise, puisque vous ne pouvez éloigner ce soupçon de votre esprit, il faut en avoir le cœur net. Demain je parlerai à Bénédict, je l'interrogerai franchement sur ses intentions, et quelle que soit la vérité, vous en serez instruite. Vous sentez-vous ce courage?

— Oui, répondit Athénaïs en l'embrassant, j'aime mieux savoir mon sort que de vivre dans de pareils tourmens.

— Prenez donc sur vous-même, lui dit Louise; essayez de vous reposer, et ne faites rien paraître demain de votre émotion. Puisque vous ne croyez pas devoir compter sur l'attachement de votre cousin, votre dignité de femme exige que vous fassiez bonne contenance.

— Oh! vous avez raison, dit la jeune fille en se renfonçant dans son lit. Je veux agir comme vous me conseillez. Je me sens déjà plus forte puisque vous prenez mes intérêts.

En effet, cette résolution ayant ramené un peu de calme dans ses idées, elle s'endormit bientôt, et Louise, dont le cœur était bien plus profondément ébranlé, attendit, les yeux ouverts, que les premières lueurs du matin eussent blanchi l'horizon. Alors elle entendit Bénédict, qui ne dormait pas non plus, entr'ouvrir doucement la porte de sa chambre et descendre l'escalier. Elle le suivit sans éveiller personne, et tous deux, s'étant abordés d'un air plus grave que de coutume, s'enfoncèrent dans une allée du jardin qui commençait à se remplir de rosée.

XVI

Louise était assez embarrassée pour aborder une question aussi délicate, lorsque Bénédict, prenant le premier la parole, lui dit d'un ton ferme :

— Mon amie, je sais de quoi vous allez me parler. Nos cloisons de bois de chêne ne sont pas tellement épaisses, la nuit n'est pas tellement bruyante autour de cette demeure, et mon sommeil n'était pas tellement profond, que j'aie perdu un seul mot de votre entretien avec ma cousine. La confession que je me proposais de vous faire serait donc parfaitement inutile à présent, puisque vous êtes aussi bien informée que moi-même de l'état de mon cœur.

Louise s'arrêta et le regarda en face pour savoir s'il ne raillait point; mais l'expression de son visage était si parfaitement calme, qu'elle resta stupéfaite.

— Je sais que vous maniez la plaisanterie avec un admirable sang-froid, lui répondit-elle, mais je vous supplie de me parler sérieusement. Il ne s'agit point ici de sentimens dont vous ayez le droit de vous faire un jeu.

— A Dieu ne plaise! dit Bénédict avec force. Il s'agit de l'affection la plus importante et la plus sacrée de ma vie. Athénaïs vous l'a dit, et j'en jure sur mon honneur, j'aime Valentine de toutes les puissances de mon ame.

Louise joignit les mains d'un air attéré, et s'écria en levant les yeux au ciel :

— Quelle insigne folie !

— Pourquoi ? reprit Bénédict en attachant sur elle ce regard fixe qui renfermait tant d'autorité.

— Pourquoi ! répéta Louise ; vous me le demandez ! Mais, Bénédict, êtes-vous sous la puissance d'un rêve ? Ou moi-même ne suis-je pas bien éveillée ? Vous aimez ma sœur, vous me le dites, et qu'espérez-vous donc d'elle, grand Dieu ?

— Ce que j'espère ?.... Le voici, répondit-il : j'espère l'aimer toute ma vie.

— Et vous pensez peut-être qu'elle vous le permettra ?

— Qui sait ?... Peut-être.

— Mais vous n'ignorez pas qu'elle est riche, qu'elle est d'une haute naissance....

—Elle est, comme vous, fille du comte de Raimbault, et j'ai bien osé vous aimer! Est-ce donc parce que je suis le fils du paysan Lhéry que vous m'avez repoussé?

— Non certes, répondit Louise qui devint pâle comme la mort. Mais Valentine n'a pas vingt ans, et en supposant qu'elle n'eût pas les préjugés de la naissance.....

— Elle ne les a pas, interrompit Bénédict.

— Comment le savez-vous?

— Comme vous le savez vous-même. Notre connaissance avec Valentine date de la même époque, ce me semble.

— Mais oubliez-vous qu'elle dépend d'une mère vaine et inflexible, d'un monde qui ne l'est pas moins; qu'elle est fiancée à M. de Lansac; qu'elle ne peut enfin rompre les liens qui l'enchaînent à ses devoirs, sans attirer sur elle les malédictions de sa famille, le mépris de sa caste, et sans détruire à jamais le repos de toute sa vie?

— Comment ne saurais-je pas tout cela?

— Eh bien ! enfin, qu'attendez-vous donc de sa folie ou de la vôtre ?

— De la sienne, rien ; de la mienne, tout.

— Ah ! vous croyez vaincre la destinée par la seule force de votre caractère ! Est-ce cela ? Je vous ai entendu quelquefois développer cette utopie ; mais soyez sûr, Bénédict, que, fussiez-vous plus qu'un homme, vous n'y parviendrez pas. Dès cet instant j'entre en résistance ouverte contre vous ; je renoncerais plutôt à voir ma sœur que de vous fournir l'occasion et les moyens de compromettre son avenir....

— Oh ! quelle chaleur d'opposition ! dit Bénédict avec un sourire dont l'effet fut atroce pour Louise. Calmez-vous, ma bonne sœur.... vous m'avez permis, vous m'avez presque ordonné de vous donner ce nom, alors que nous ne connaissions pas Valentine. Si vous y eussiez consenti, j'en aurais réclamé un plus doux. Mon ame inquiète eût été fixée, et Valentine eût pu passer dans ma vie sans y faire impression ; mais vous ne l'avez pas voulu, vous avez rejeté des vœux qui, maintenant j'y songe de sang-froid, ont dû vous sembler bien ridicules..... Vous m'avez repoussé du pied dans cette mer d'incertitude et d'orages ; maintenant je me prends à suivre une belle étoile qui me luit, que vous importe ?

— Que m'importe ! quand il s'agit de ma sœur, de ma sœur dont je suis presque la mère !....

— Ah ! vous êtes une mère bien jeune ! dit Bénédict avec un peu d'ironie. Mais, écoutez, Louise, je serais presque tenté de croire que vous manifestez toutes ces craintes pour me railler, et dans ce cas vous devez avouer que depuis le temps qu'elle dure, j'ai assez bien subi la plaisanterie.

— Que voulez-vous dire ?

— Il est impossible que vous me trouviez dangereux pour votre sœur quand vous savez si bien par vous-même combien je le suis peu. Vos terreurs sont fort singulières ; et vous croyez la raison de Valentine bien fragile apparemment, puisque vous vous effrayez tant des atteintes que j'y puis porter.... Eh! rassurez-vous, bonne Louise; vous m'avez donné, il n'y a pas long-temps, une leçon dont je vous remercie, et que je saurai mettre à profit peut-être. Je n'irai plus m'exposer à mettre aux pieds d'une femme telle que Valentine ou Louise l'hommage d'un cœur comme le mien. Je n'aurai plus la folie de croire qu'il ne s'agit, pour attendrir une femme, que de l'aimer avec toute l'ardeur d'un cerveau de vingt ans ; que pour effacer à ses yeux la distance des rangs, et pour faire taire en elle le cri de la mauvaise honte, il suffise d'être dévoué à elle corps et ame, sang et honneur. Non, non, tout cela n'est rien aux yeux des femmes : je suis le fils d'un paysan, je suis horriblement laid, absurde on ne peut plus, je n'ai plus la prétention d'être aimé. Il n'est qu'une pauvre bourgeoise frelatée comme Athénaïs, qui, faute de mieux jusqu'ici, ait pu songer à descendre jusqu'à moi.

— Bénédict! s'écria Louise avec chaleur, tout ceci est une cruelle moquerie, je le vois bien; c'est un sanglant reproche que vous m'adressez. Oh! vous êtes bien injuste! Vous ne voulez pas comprendre ma situation. Vous ne songez pas qu'en vous écoutant ma conduite envers votre famille serait odieuse; vous ne me tenez pas compte de la vertu qu'il m'a fallu peut-être pour vous sembler si glaciale. Oh! vous ne voulez rien comprendre!

La pauvre Louise cacha son visage dans ses mains, effrayée d'en avoir trop dit. Bénédict étonné la regarda attentivement. Son sein était agité, une rougeur brûlante se trahissait sur son front malgré ses efforts pour le cacher. Bénédict comprit qu'il était aimé.....

Il s'arrêta irrésolu, tremblant, bouleversé. Il avança une main pour saisir celle de Louise; il craignit d'être trop ardent, il craignit d'être trop froid. Louise, Valentine, laquelle des deux aimerait-il?

Quand Louise, effrayée de son silence, releva timidement la tête, Bénédict n'était plus auprès d'elle.

XVII

Mais à peine Bénédict fut-il seul que, n'éprouvant plus l'effet de l'attendrissement, il s'étonna d'en avoir ressenti un si vif, et ne s'expliqua cette émotion qu'en l'attribuant à un sentiment d'amour-propre flatté. En effet, Bénédict, ce *garçon laid à faire peur*, comme disait la marquise de Raimbault, ce jeune homme enthousiaste pour les autres et sceptique envers lui-même, se trouvait dans une étrange position. Aimé à la fois de trois femmes dont la moins belle eût gonflé d'orgueil le cœur de tout autre, il avait bien de la peine à lutter contre les bouffées de vanité qui s'élevaient en lui. C'était une rude épreuve pour sa raison, il le sentait bien; pour y résister, il se mit à penser à Valentine, à celle des trois qui lui inspirait le moins de certitude, et qui devait nécessairement le désabuser la première. Il ne connaissait l'amour de celle-là que par ces révélations sympathiques qui trompent rarement les amans. Mais quand cet amour serait éclos réellement dans le sein de la jeune comtesse, il devait y être étouffé en naissant, dès qu'il se trahirait à elle-même. Bénédict se dit tout cela pour triompher du démon de l'orgueil, et, ce qui peut-être ne fut pas sans mérite à son âge, il en triompha.

Alors, jetant sur sa situation un regard

aussi lucide qu'il est permis à un homme fortement épris, il se dit qu'il fallait arrêter son choix sur l'une d'elles, et couper court sur-le-champ aux angoisses des deux autres. Athénaïs fut la première fleur qu'il retrancha de cette belle couronne; il jugea qu'elle serait bientôt consolée. Les naïves menaces de vengeance dont il avait été le confident involontaire pendant la nuit précédente lui firent espérer que Georges Simonneau, Pierre Blutty, ou Blaise Moret, se chargeraient de dégager sa conscience de tout remords envers elle.

Le plus raisonnable, peut-être le plus généreux choix eût dû tomber sur Louise. Donner un état et un avenir à cette infortunée que sa famille et l'opinion avaient si cruellement outragée, réparer envers elle les rudes châtimens que le passé lui avait infligés, être le protecteur d'une femme si malheureuse et si intéressante; il y avait dans cette idée quelque chose de chevaleresque qui avait déjà tenté Bénédict. Peut-être l'amour qu'il avait cru ressentir pour Louise avait-il pris naissance dans la portée un peu héroïque de son caractère. Il avait vu là une occasion de dévouement. Sa jeunesse avide d'une gloire quelconque appelait l'opinion en combat singulier, comme faisaient ces preux aventuriers envoyant un cartel au géant de la contrée, jaloux qu'ils étaient de faire parler d'eux, ne fût-ce que par une chute glorieuse.

Le refus de Louise, qui d'abord avait rebuté Bénédict, lui apparaissait maintenant sous son véritable aspect. Ne voulant point accepter de si grands sacrifices, et craignant de se laisser vaincre en générosité, Louise avait cherché à lui ôter toute espérance, et peut-être y avait-elle réussi au-delà de son désir. Dans toute vertu il y a un peu d'espoir de récompense; elle n'eut pas plus tôt repoussé Bénédict qu'elle en souffrit amèrement. Maintenant Bénédict comprenait que dans ce refus il y avait plus de véritable générosité, plus d'affection délicate et forte, qu'il n'y en avait eu dans sa propre conduite. Louise s'élevait à ses propres yeux presque au-dessus de l'héroïsme dont il se sentait capable lui-même ; c'était de quoi l'émouvoir profondément et le jeter dans une nouvelle carrière d'émotions et de désirs.

Si l'amour était un sentiment qui se calcule et se raisonne comme l'amitié ou la haine, Bénédict eût été se jeter aux pieds de Louise. Mais ce qui fait l'immense supériorité de celui-là sur tous les autres, ce qui prouve son essence divine, c'est qu'il ne naît point de l'homme même ; c'est que l'homme n'en peut disposer ; c'est qu'il ne l'accorde pas plus qu'il ne l'ôte par un acte de sa volonté ; c'est que le cœur humain le reçoit d'en haut sans doute, pour le reporter sur la créature choisie entre toutes dans les desseins du ciel ; et quand une ame énergique l'a reçu, c'est en vain que toutes les considérations humaines élèveraient la voix pour le détruire :

il subsiste seul et par sa propre puissance. Tous ces auxiliaires qu'on lui donne, ou plutôt qu'il attire à soi, l'amitié, la confiance, la sympathie, l'estime même ne lui sont que des alliés subalternes. Il les a créés, il les domine, il leur survit.

Bénédict aimait Valentine et non pas Louise. Pourquoi Valentine? Elle lui ressemblait moins; elle avait moins de ses défauts, moins de ses qualités. Elle devait sans doute le comprendre et l'apprécier moins; c'est celle-là qu'il devait aimer apparemment. Il se mit à chérir en elle, dès qu'il la vit, les qualités qu'il n'avait pas en lui-même; il était inquiet, mécontent, exigeant envers la destinée; Valentine était calme, facile, heureuse à propos de tout. Eh bien! cela n'était-il pas selon les desseins de Dieu? La suprême Providence qui est partout en dépit des hommes, n'avait-elle pas présidé à ce rapprochement? l'un était nécessaire à l'autre : Bénédict à Valentine pour lui faire connaître ces émotions sans lesquelles la vie est incomplète ; Valentine à Bénédict pour apporter le repos et la consolation dans une vie orageuse et tourmentée. Mais la société se trouvait là entre eux, qui rendait ce choix mutuel, absurde, coupable, impie ! La Providence a fait l'ordre admirable de la nature, les hommes l'ont détruit : à qui la faute ? Faut-il que, pour respecter la solidité de nos murs de glace, tout rayon du soleil se retire de nous ?

Quand il se rapprocha du banc où il avait laissé Louise, il la retrouva pâle, les mains pendantes, les yeux fixés à terre. Elle tressaillit en écoutant le frottement de ses vêtemens contre le feuillage ; mais quand elle l'eut regardé, quand elle eut compris qu'il s'était renfermé dans son inexpugnable impénétrabilité, elle attendit dans une angoisse plus grande le résultat de ses réflexions.

— Nous ne nous sommes pas compris, ma sœur, lui dit Bénédict en s'asseyant à son côté. Je vais m'expliquer mieux.

Ce mot de *sœur* fut un coup mortel pour Louise; elle rassembla tout ce qu'elle avait de force pour cacher sa douleur et pour écouter d'un air calme.

— Je suis loin, dit Bénédict, de conserver aucun dépit contre vous; au contraire, j'admire en vous cette candeur et cette bonté qui ne se sont point retirées de moi malgré mes folies; je sens que vos refus ont consolidé mon respect et ma tendresse pour vous. Comptez sur moi comme sur le plus dévoué de vos amis, et laissez-moi vous parler avec toute la confiance qu'un frère doit à sa sœur. Oui, j'aime Valentine; je l'aime avec passion, et, comme Athénaïs l'a très-bien remarqué, c'est d'hier seulement que je connais le sentiment qu'elle m'inspire. Mais je l'aime sans espoir, sans but, sans dessein aucun. Je sais que Valentine ne renoncera pour moi ni à sa famille, ni à son prochain mariage, ni même, en supposant qu'elle fût libre, aux devoirs de convention que les idées de sa classe auraient pu lui tracer. J'ai mesuré de sang-froid l'impossibilité d'être pour elle autre chose qu'un ami obscur et soumis, estimé en secret peut-être, mais jamais redoutable. Dussé-je, moi, chétif et imperceptible, inspirer à cette adorable Valentine une de ces passions qui aplanissent les rangs et surmontent les obstacles, je la fuirais plutôt que d'accepter des sacrifices dont je ne me sens pas digne! Tout cela, Louise, doit vous rassurer un peu sur l'état de mon cerveau.

— En ce cas, mon ami, dit Louise en tremblant, vous allez travailler à détruire cet amour qui ferait le tourment de votre vie?

— Non, Louise, non, plutôt mourir, répondit Bénédict avec force. Tout mon bonheur, tout mon avenir, toute ma vie sont là! Depuis que j'aime Valentine, voyez-vous, je suis un autre homme; je me sens exister. Le voile sombre qui couvrait ma destinée se déchire de toutes parts; l'incertitude de l'avenir ne me ronge plus l'imagination; je ne suis plus seul sur la terre; je ne m'ennuie plus de ma nullité; je me sens grandir d'heure en heure avec cet amour. Ne voyez-vous pas sur ma figure un calme qui doit la rendre plus supportable?

— J'y vois une assurance qui m'effraie, répondit Louise. Mon ami, vous vous perdez vous-même. Ces chimères ruineront votre destinée; vous dépenserez votre énergie à des rêves inutiles, et quand le temps viendra d'être un homme, vous verrez avec regret que vous en aurez perdu la force.

— Qu'entendez-vous donc par être un homme, Louise?

— J'entends avoir sa place dans la société sans être à charge aux autres.

— Eh bien! dès demain je puis être un homme, avocat ou portefaix, musicien ou laboureur; j'ai plus d'une ressource.

— Vous ne pouvez être rien de tout cela, Bénédict, car au bout de huit jours une profession quelconque, dans l'état d'irritation où vous êtes....

— M'ennuierait, j'en conviens; mais j'aurai toujours la ressource de me casser la tête si la vie m'ennuie, ou de me faire lazzarone si elle me plaît beaucoup. Et tout bien considéré, je crois que je ne suis pas bon à autre chose. Plus j'ai appris, plus je me suis dégoûté de la vie; je veux retourner maintenant autant que possible à mon état de nature, à ma simplicité de paysan, à la grossièreté des idées, à la frugalité de la vie. J'ai de mon patrimoine cinq cents livres de rentes en bonnes terres, avec une maison couverte en chaume; je puis vivre honorablement dans mes propriétés, seul, libre, heureux, oisif, sans être à charge à personne.

— Parlez-vous sérieusement?

— Pourquoi pas? Dans l'état de la société, le meilleur résultat possible de l'éducation qu'on nous donne serait de retourner volontairement à l'état d'abrutissement d'où l'on s'efforce de nous tirer durant vingt ans de notre vie. Mais écoutez, Louise, ne faites pas pour moi de ces rêves chimériques que vous me reprochez. C'est vous qui m'invitez à dépenser mon énergie en fumée quand vous me dites de travailler pour être un homme comme les autres, de consacrer ma jeunesse, mes veilles, mes plus belles heures de bonheur et de poésie, à gagner de quoi mourir de vieillesse commodément, les pieds dans de la fourrure, et la tête sur un coussin de duvet. Voilà pourtant le but de tous ceux qu'on appelle de bons sujets à mon âge, et des hommes positifs à quarante ans. Dieu les bénisse! Laissez-les aspirer de tous leurs efforts vers le but sublime d'être électeurs du grand collége, ou conseillers municipaux, ou secrétaires de préfecture; qu'ils engraissent des bœufs et maigrissent des chevaux à courir les foires; qu'ils se fassent valets de cour ou valets de basse-cour, esclaves d'un ministre ou d'un *lot* de moutons, préfets à la livrée d'or, ou marchands de porcs à la ceinture doublée de pistoles; et qu'après toute une vie de sueurs, de maquignonnage, de platitude ou de grossièreté, ils laissent le fruit de tant de peines à une fille entretenue, danseuse du théâtre de Berlin, ou servante joufflue du Berry, par le moyen de leur testament, ou par l'intermédiaire de leurs héritiers pressés de *jouir de la vie*. Voilà la vie positive qui se déroule dans toute sa splendeur autour de moi; voilà la glorieuse condition *d'homme* vers laquelle aspirent tous mes contemporains d'étude. Franchement, Louise, croyez-vous que j'abandonne là une bien belle et bien glorieuse existence ?

— Vous savez vous-même, Bénédict, combien il serait facile de rétorquer cette hyperbolique satire. Aussi, je n'en prendrai pas la peine; je veux vous demander simplement ce que vous comptez faire de cette ardente activité qui vous dévore, et si votre conscience ne vous prescrit pas d'en faire un emploi utile à la société?

— Ma conscience ne me prescrit rien de semblable. La *société* n'a pas besoin de ceux qui n'ont pas besoin d'elle. Je conçois la puissance de ce grand mot chez des peuples nouveaux; sur une terre vierge qu'un petit nombre d'hommes rassemblés d'hier s'efforcent de fertiliser et de faire servir à leurs besoins; alors, si la colonisation est volontaire, je méprise celui qui viendra s'engraisser impunément du travail des autres. Je puis concevoir le civisme encore chez les nations libres ou vertueuses, s'il en existe. Mais ici, sur le sol de la France, où, quoi qu'on en dise, la terre manque aux bras, où chaque profession regorge d'aspirans, où l'espèce humaine, hideusement agglomérée autour des palais, rampe et lèche la trace des pas du riche; où d'énormes capitaux rassemblés (selon toutes les lois de la justice) dans les mains de quelques hommes, servent d'enjeu à une continuelle loterie entre l'avarice, l'immoralité et l'ineptie, dans ce pays d'impudeur et de misère, de vice et de désolation; dans cette civilisation pourrie jusqu'à la racine, vous voulez que je sois *citoyen?* que je sacrifie ma volonté, mon inclination, ma fantaisie, à ses besoins, pour être sa dupe ou sa victime? pour que le denier que j'aurai jeté au mendiant aille tomber dans la caisse du millionnaire? Il faudra que je m'essouffle à faire du bien afin de produire un peu plus de mal, afin de fournir mon contingent aux administrations qui patentent les mouchards, les croupiers et les prostituées? Non, sur ma vie! je ne le ferai pas. Je ne veux rien être dans cette belle France, la plus éclairée des nations. Je vous l'ai dit, Louise, j'ai cinq cents livres de rente; tout homme qui a cinq cents livres de rente doit en vivre, et vivre en paix.

— Eh bien! Bénédict, si vous voulez sacrifier toute noble ambition à ce besoin de repos qui vient de succéder si vite à votre ardente impatience, si vous voulez faire abnégation de tous vos talens et de toutes vos qualités pour vivre obscur et paisible au fond de cette vallée, assurez la première condition à cette heureuse existence, bannissez de votre esprit ce ridicule amour....

—Ridicule! avez-vous dit. Non, celui-là ne sera pas ridicule, j'en fais serment. Ce sera un secret entre Dieu et moi. Comment donc le ciel qui me l'inspira, pourrait-il s'en moquer? Non, ce sera mon bouclier contre la douleur, ma ressource contre l'ennui. N'est-ce pas lui qui m'a suggéré depuis hier cette résolution de rester libre et de me faire heureux à peu de frais? O bienfaisante passion qui dès son irruption se révèle par la lumière et le calme! Vérité céleste qui dessille les yeux et désabuse l'esprit de toutes les choses humaines! Puissance sublime qui accapare toutes les facultés et les inonde de jouissances ignorées. O Louise! ne cherchez pas à m'ôter mon amour; vous n'y réussiriez pas, et vous me deviendriez peut-être moins chère: car, je l'avoue, rien ne saurait lutter avec avantage contre lui. Laissez-moi adorer Valentine en secret, et nourrir en moi de ces illusions dont un instant hier m'avait transporté aux cieux. Que serait la réalité auprès d'elles, peut-être? Laissez-moi emplir ma vie de cette seule chimère, mon imagination de cette seule image. Laissez-moi vivre au sein de cette vallée enchantée, avec mes souvenirs et les traces qu'elle y a laissées pour moi, avec ce parfum qui est resté après elle dans toutes les prairies où elle a posé le pied, avec ces harmonies que sa voix a éveillées dans toutes les brises, avec ces paroles si douces et si naïves qui lui sont échappées dans l'innocence de son cœur, et que j'ai interprétées selon ma fantaisie; avec ce baiser pur et délicieux qu'elle a déposé sur mon front le premier jour où je l'ai vue. Ah! Louise, ce baiser! vous le rappelez-vous? C'est vous qui l'avez voulu.

— Oh! oui, dit Louise en se levant d'un air consterné, c'est moi qui ai fait tout le mal.

XVIII

Valentine, en rentrant au château, avait trouvé sur sa cheminée une lettre de M. de Lansac. Selon l'usage du grand monde, elle était en correspondance avec lui depuis l'époque de ses fiançailles. Cette correspondance qui semble devoir être une occasion de se connaître et de se lier plus intimement, est presque toujours froide et maniérée. On y parle d'amour dans le langage des salons, et plus d'une lettre de femme est digne du style dont mademoiselle de Montpensier accueillait les galantes insinuations de M. de Lauzun au château de Versailles.

Valentine écrivait si simplement, qu'elle passait aux yeux de M. de Lansac et de sa famille pour une personne fort médiocre. M. de Lansac s'en réjouissait assez. A la veille de disposer d'une fortune considérable, il entrait bien dans ses plans de dominer entièrement sa femme. Aussi, quoiqu'il ne fût nullement épris d'elle, il s'appliquait à lui écrire des lettres qui, dans le goût du beau monde, devaient être de petits chefs-d'œuvre épistolaires. Il s'imaginait ainsi exprimer l'attachement le plus vif qui fût jamais entré au cœur d'un diplomate, et Valentine devait nécessairement prendre de son ame et de son esprit une haute idée. Jusqu'à ce moment, en effet, cette jeune personne qui ne savait absolument rien de la vie et des passions, avait conçu pour la sensibilité de son fiancé une grande admiration, et lorsqu'elle comparait les expressions de son dévouement à ses propres réponses, elle s'accusait de rester par la froideur de ses impressions beaucoup au-dessous de lui.

Ce soir-là, fatiguée des joyeuses et vives émotions de sa journée, la vue de cette suscription, qui d'ordinaire lui était si agréable, éleva en elle comme un sentiment de tristesse et de remords. Elle hésita quelques instans à la lire, et, dès les premières lignes, elle tomba dans une si grande distraction qu'elle la lut attentivement des yeux jusqu'à la fin, sans en avoir compris un mot, et sans avoir pensé à autre chose qu'à Louise, à Bénédict, au bord de l'eau et à l'oseraie de la prairie. Elle se fit un nouveau reproche de cette préoccupation, et relut courageusement la lettre du secrétaire d'ambassade. C'était celle qu'il avait faite avec le plus de soin; malheureusement elle était plus obscure, plus vide et plus prétentieuse que toutes les autres. Valentine fut malgré elle pénétrée du froid mortel qui avait présidé à cette sotte composition. Elle se consola de cette impression involontaire en l'attribuant à la fatigue qu'elle éprouvait. Elle se mit au lit, et, grâce au peu d'habitude qu'elle avait de prendre tant d'exercice, elle s'endormit profondément; mais elle s'éveilla le lendemain toute rouge et toute troublée des songes qu'elle avait faits.

Elle prit sa lettre qu'elle avait laissée sur sa table de nuit, et la relut encore avec la ferveur que met une dévote à recommencer ses prières lorsqu'elle croit les avoir mal dites. Mais ce fut en vain qu'elle y chercha le sentiment d'admiration qu'elle en avait tiré jusque-là; elle n'eut que de l'étonnement et quelque chose qui ressemblait à de l'ennui;

elle se leva effrayée d'elle-même et toute pâle de la fatigue d'esprit qu'elle en ressentait.

Alors, comme en l'absence de sa mère elle faisait absolument tout ce qui lui plaisait, comme sa grand'mère ne songeait pas seulement à la questionner sur sa journée de la veille, elle partit pour la ferme, emportant dans un petit coffre de bois de cèdre toutes les lettres qu'elle avait reçues de M. de Lansac depuis un an, se flattant qu'à la lecture de ces lettres l'admiration de Louise raviverait la sienne.

Il serait peut-être téméraire d'affirmer que ce fut là l'unique motif de cette nouvelle visite à la ferme; mais si Valentine en eut un autre, ce fut certainement à l'insu d'elle-même. Quoi qu'il en soit, elle trouva Louise toute seule. Sur la demande d'Athénaïs qui avait voulu s'éloigner pour quelques jours de son cousin, madame Lhéry était partie avec sa fille pour aller rendre visite dans les environs à une de ses parentes. Bénédict était à la chasse, et le père Lhéry aux travaux des champs.

Valentine fut effrayée de l'altération des traits de sa sœur. Celle-ci donna pour excuse l'indisposition d'Athénaïs qui l'avait forcée de veiller. Elle sentit d'ailleurs sa peine s'adoucir aux tendres caresses de Valentine, et bientôt elles se mirent à causer avec abandon de leurs projets pour l'avenir. Ceci conduisit Valentine à montrer les lettres de M. de Lansac.

Louise en parcourut quelques-unes qu'elle trouva d'un froid mortel et d'un ridicule achevé. Elle jugea sur-le-champ le cœur de cet homme, et pénétra fort bien que ses intentions favorables, relativement à elle, méritaient une médiocre confiance. La tristesse qui l'accablait redoubla de cette découverte, et l'avenir de sa sœur lui parut aussi triste que le sien; mais elle n'osa en rien témoigner à Valentine. La veille, peut-être, elle se fût senti le courage de l'éclairer; mais, après les aveux de Bénédict, Louise, qui ne se défendait peut-être pas de soupçonner Valentine de l'encourager un peu, n'osa pas l'éloigner d'un mariage qui devait du moins la soustraire aux dangers de cette situation. Elle ne se prononça pas, et la pria de lui laisser ces lettres en lui promettant de lui en dire son avis après les avoir toutes lues avec attention.

Elles étaient toutes deux assez attristées de cet entretien ; Louise y avait trouvé de nouveaux sujets de douleur, et Valentine, en apercevant l'air contraint de sa sœur, n'en avait pas obtenu le résultat qu'elle en attendait, lorsque Bénédict rentra en fredonnant au loin la cavatine *Di piacer mi balza il cor*. Valentine tressaillit en reconnaissant sa voix, mais la présence de Louise lui causa un embarras qu'elle ne put s'expliquer, et ce fut avec d'hyprocrites efforts qu'elle attendit d'un air d'indifférence l'arrivée de Bénédict.

Bénédict entra dans la salle dont les volets étaient fermés. Le passage subit du grand soleil à l'obscurité de cette pièce l'empêcha de distinguer les deux femmes. Il suspendit son fusil à la muraille en chantant toujours, et Valentine, silencieuse, le cœur ému, le sourire sur les lèvres, suivait tous ses mouvemens, lorsqu'il l'aperçut au moment où il passait tout près d'elle, et il laissa échapper un cri de surprise et de joie. Ce cri, parti du plus profond de ses entrailles, exprimait plus de passion et de transport que toutes les lettres de M. de Lansac étalées sur la table. L'instinct du cœur ne pouvait guère abuser Valentine à cet égard, et la pauvre Louise comprit que son rôle était déplorable.

De ce moment Valentine oublia et M. de Lansac et la correspondance, et ses doutes et ses remords. Elle ne sentit plus que ce bonheur impérieux qui étouffe toute autre sensation en présence de l'être qu'on aime. Elle et Bénédict le savourèrent avec égoïsme en présence de cette triste Louise dont la situation fausse était si délicate entre eux deux.

L'absence de la comtesse de Raimbault s'étant prolongée de plusieurs jours au-delà du terme qu'elle avait désigné, Valentine revint plusieurs fois à la ferme. Madame Lhéry et sa fille en étaient toujours absentes, et Bénédict, couché dans le sentier par où devait arriver Valentine, y passait des heures d'enivrement et de délices à l'attendre caché dans le feuillage de la haie. Il la voyait souvent passer sans oser se montrer, de peur de se trahir par trop d'empressement; mais dès qu'elle était entrée à la ferme, il s'élançait sur ses traces, et, au grand déplaisir de Louise, il ne les quittait plus de la journée. Louise ne pouvait s'en plaindre, car Bénédict avait la délicatesse de comprendre le besoin qu'elles pouvaient avoir de s'entretenir ensemble, et tout en feignant de battre les buissons avec son fusil, il les suivait à une distance respectueuse. Mais il ne les perdait jamais de vue;

regarder Valentine, s'enivrer du charme indicible répandu autour d'elle, cueillir avec amour les fleurs que sa robe venait d'effleurer, suivre religieusement la trace d'herbe couchée qu'elle laissait derrière elle, puis remarquer avec joie qu'elle tournait souvent la tête pour voir s'il était là ; saisir, deviner parfois son regard au travers des détours d'un sentier, se sentir appeler par une attraction magique lorsqu'elle l'appelait effectivement dans son cœur ; obéir à toutes ces impressions subtiles, mystérieuses, invincibles, qui composent l'amour : c'étaient là pour Bénédict autant de joies pures et fraîches que vous ne trouverez point trop puériles si vous vous souvenez d'avoir eu vingt ans.

Louise ne pouvait lui adresser de reproches, car il lui avait juré de ne jamais chercher à voir Valentine seule un instant, et il tenait religieusement sa parole. Il n'y avait donc à cette vie aucun danger apparent, mais chaque jour le trait s'enfonçait plus avant dans ces ames sans expérience, chaque jour endormait la prévoyance de l'avenir. Ces rapides instans, jetés comme un rêve dans leur existence, composaient déjà pour eux toute une vie qui leur semblait devoir durer toujours. Valentine avait pris le parti de ne plus penser du tout à M. de Lansac, et Bénédict se disait qu'un tel bonheur ne pouvait pas être balayé par un souffle.

Louise était bien malheureuse. En voyant de quel amour Bénédict était capable, elle apprenait à connaître ce jeune homme qu'elle avait cru jusque-là plus ardent que sensible. Cette puissance d'aimer qu'elle découvrait en lui le lui rendait plus cher. Elle mesurait l'étendue d'un sacrifice qu'elle n'avait pas compris en l'accomplissant, et pleurait en secret la perte d'un bonheur qu'elle eût pu goûter plus innocemment que Valentine. Cette pauvre Louise, dont l'ame était passionnée, mais qui avait appris à se vaincre en subissant les funestes conséquences de la passion,

luttait maintenant contre des sentimens âpres
et douloureux. Malgré elle une dévorante jalousie lui rendait insupportable le bonheur
pur de Valentine. Elle ne pouvait se défendre de déplorer le jour où elle l'avait retrouvée, et déjà cette amitié romanesque et sublime avait perdu tout son charme ; elle était
déjà, comme tous les sentimens humains, dépouillée d'héroïsme et de poésie. Louise se
surprenait parfois à regretter le temps où elle
n'avait aucun espoir de retrouver sa sœur.
Et puis elle avait horreur d'elle-même, et
priait Dieu de la soustraire à ces ignobles sentimens. Elle se représentait la douceur, la
pureté, la tendresse de Valentine, et se
prosternait devant cette image comme devant
celle d'une sainte qu'elle priait d'opérer sa
réconciliation avec le ciel. Par instans elle
formait l'enthousiaste et téméraire projet de
l'éclairer franchement sur le peu de mérite
réel de M. de Lansac ; de l'exhorter à rompre ouvertement avec sa mère, à suivre son

penchant pour Bénédict, et à se créer au sein de l'obscurité une vie d'amour, de courage et de liberté. Mais ce parti dont le dévouement n'était peut-être pas au-dessus de ses forces, s'évanouissait bientôt à l'examen de la raison. Entraîner sa sœur dans l'abîme où elle s'était précipitée, lui ravir la considération qu'elle avait perdue pour l'attirer dans les mêmes malheurs, la sacrifier à la contagion de son exemple, et faire servir son ascendant sur elle à la perdre aux yeux du monde, c'était de quoi faire reculer le désintéressement le plus hardi. Alors Louise persistait dans le plan qui lui avait paru le plus sage : c'était de ne point éclairer Valentine sur le compte de son fiancé, et de lui cacher soigneusement les confidences de Bénédict. Mais, quoique cette conduite fût la meilleure possible, à ce qu'elle pensait, elle n'était pas sans remords d'avoir attiré Valentine dans de semblables dangers, et de n'avoir pas la force de l'y soustraire tout-à-coup en quittant le pays.

Mais voilà ce qu'elle ne se sentait pas l'énergie d'accomplir. Bénédict lui avait fait jurer qu'elle resterait jusqu'à l'époque du mariage de Valentine. Après cela Bénédict ne se demandait pas ce qu'il deviendrait, mais il voulait être heureux jusque-là. Il le voulait avec cette force d'égoïsme que donne un amour sans espérance. Il avait menacé Louise de faire mille folies si elle le poussait au désespoir, au lieu qu'il jurait de lui être aveuglément soumis si elle lui laissait encore ces deux ou trois jours de vie. Il l'avait même menacée de sa haine; et sa colère, ses larmes, ses emportemens, son obstination avaient eu tant d'empire sur Louise dont le caractère était d'ailleurs faible et irrésolu, qu'elle s'était soumise à cette volonté supérieure à la sienne. Peut-être aussi puisait-elle sa faiblesse dans l'amour qu'elle nourrissait en secret pour lui; peut-être se flattait-elle de ranimer le sien à force de dévouement et de générosité, lorsque le mariage de Valentine aurait ruiné pour lui toute espérance.

Le retour de madame de Raimbault vint enfin mettre un terme à cette dangereuse intimité. Alors Valentine cessa de venir à la ferme, et Bénédict tomba du ciel en terre.

Comme il avait vanté à Louise le courage qu'il aurait dans l'occasion, il supporta d'abord assez bien en apparence cette rude épreuve. Il ne voulait point avouer combien il s'était abusé lui-même sur l'état de ses forces. Il se contenta pendant les premiers jours d'errer autour du château sous différens prétextes, heureux quand il avait aperçu au loin Valentine au fond de son jardin ; puis il pénétra la nuit dans le parc pour voir briller la lampe qui éclairait son appartement. Une fois, Valentine s'étant hasardée à aller voir lever le soleil au bout de la prairie, à l'endroit où elle avait reçu le premier rendez-vous de Louise, elle trouva Bénédict assis à cette même place où elle s'était assise ; mais dès qu'il l'aperçut il s'enfuit en feignant de ne pas la voir, car il ne se sentait pas la force de lui parler sans trahir ses agitations.

Une autre fois, comme elle errait dans le parc à l'entrée de la nuit, elle entendit à plusieurs reprises le feuillage s'agiter autour d'elle, et quand elle se fut éloignée du lieu où elle avait éprouvé cette frayeur, elle vit de loin un homme qui traversait l'allée, et qui avait la taille et le costume de Bénédict.

Il détermina Louise à demander un nouveau rendez-vous à sa sœur. Il l'accompagna comme la première fois, et se tint à distance pendant qu'elles causaient ensemble. Quand Louise le rappela, il s'approcha dans un trouble inexprimable.

— Eh bien! mon cher Bénédict, lui dit Valentine qui avait rassemblé tout son courage pour cet instant, voici la dernière fois que nous nous verrons d'ici à long-temps peut-être. Louise vient de m'annoncer son prochain départ et le vôtre.

— Le mien ! dit Bénédict avec amertume. Pourquoi le mien, Louise ? Qu'en savez-vous ?

Il sentit tressaillir la main de Valentine, que dans l'obscurité il avait gardée entre les siennes.

— N'êtes-vous pas décidé, répondit Louise, à ne pas épouser votre cousine, du moins pour cette année ? Et votre intention n'est-elle pas de vous établir dès-lors dans une situation indépendante ?

— Mon intention est de ne jamais épouser personne, répondit-il d'un ton dur et énergique. Mon intention est aussi de ne demeurer à la charge de personne, mais il n'est pas prouvé que mon intention soit de quitter le pays.

Louise ne répondit rien, et dévora des larmes que l'on ne pouvait voir couler. Valentine pressa faiblement la main de Bénédict afin de pouvoir dégager la sienne, et ils se séparèrent plus émus que jamais.

Cependant on faisait au château les apprêts du mariage de Valentine. Chaque jour apportait de nouveaux présens de la part du fiancé. Il devait arriver lui-même aussitôt que les devoirs de sa charge le permettraient, et la cérémonie était fixée au surlendemain : car M. de Lansac, le précieux diplomate, avait bien peu de temps à perdre à l'action futile d'épouser Valentine.

Un dimanche, Bénédict avait conduit en carriole sa tante et sa cousine à la messe au plus gros bourg de la vallée. Athénaïs, jolie et parée, avait retrouvé tout l'éclat de son teint, toute la vivacité de ses yeux noirs. Un grand gars de cinq pieds six pouces, que le lecteur a déjà vu sous le nom de Pierre Blutty, avait accosté les dames de Grangeneuve, et s'était placé dans le même banc, à côté d'Athénaïs. C'était une évidente manifestation de ses prétentions auprès de la jeune fermière, et l'attitude insouciante de Bénédict, appuyé à quelque distance contre un pilier, fut pour tous les observateurs de la contrée un signe non équivoque de rupture entre lui et sa cousine. Déjà, Moret, Simonneau et bien d'autres s'étaient mis sur les rangs, mais Pierre Blutty avait été le mieux accueilli.

Quand le curé monta en chaire pour faire le prône, et que sa voix cassée et chevrotante rassembla toute sa force pour énoncer les noms de Louise-Valentine de Raimbault et de Norbert-Évariste de Lansac, dont la seconde et dernière publication s'affichait ce jour même aux portes de la mairie, il y eut sensation dans l'auditoire, et Athénaïs échangea avec son nouvel adorateur un regard de satisfaction et de malice, car l'amour ridicule de Bénédict pour mademoiselle de Raimbault n'était point un secret pour Pierre Blutty. Athénaïs, avec sa légèreté accoutumée, s'était livrée au plaisir d'en médire avec lui, afin peut-être de s'encourager à la vengeance. Elle se hasarda même à se retourner doucement pour voir l'effet de cette publication sur son cousin. Mais, de rouge et triomphante qu'elle était, elle se détourna pâle et repentante quand elle eut envisagé les traits bouleversés de Bénédict.

XIX

Louise, en apprenant l'arrivée de M. de Lansac, écrivit une lettre d'adieu à sa sœur, lui exprima dans les termes les plus vifs sa reconnaissance pour l'amitié qu'elle lui avait témoignée, et lui dit qu'elle allait attendre à Paris l'effet des bonnes intentions de

M. de Lansac pour leur rapprochement. Elle la suppliait de ne point brusquer cette demande, et d'attendre que l'amour de son mari eût consolidé le succès qu'elle devait en attendre.

Après avoir fait passer cette lettre à Valentine par l'intermédiaire d'Athénaïs, qui alla en même temps faire part à la jeune comtesse de son prochain mariage avec Pierre Blutty, Louise fit les apprêts de son voyage. Effrayée de l'air sombre et de la taciturnité presque brutale de Bénédict, elle n'osa rechercher un dernier entretien avec lui. Mais le matin même de son départ il vint la trouver dans sa chambre, et, sans avoir la force de lui dire une parole, il la pressa contre son cœur en fondant en larmes. Elle ne chercha point à le consoler, et comme ils ne pouvaient rien se dire qui adoucît leur peine mutuelle, ils se contentèrent de pleurer ensemble en se jurant une éternelle amitié. Ces adieux soulagèrent un peu le cœur de Louise ; mais en la voyant partir, Bénédict sentit s'évanouir la dernière espérance qui lui restât d'approcher Valentine.

Alors il tomba dans le désespoir. De ces trois femmes qui naguère l'accablaient à l'envi de prévenances et d'affection, il ne lui en restait pas une ; il était seul désormais sur la terre. Ses rêves si rians et si flatteurs étaient devenus sombres et poignans. Qu'allait-il devenir ?

Il ne voulait plus rien devoir à la générosité de ses parens ; il sentait bien qu'après l'affront fait à leur fille, il ne devait plus rester à leur charge. N'ayant pas assez d'argent pour aller habiter Paris, et pas assez de courage dans un moment aussi critique pour s'y créer une existence à force de travail, il ne lui restait d'autre parti à prendre que d'aller habiter sa cabane et son champ, en attendant qu'il eût repris la volonté d'aviser à quelque chose de mieux.

Il fit donc arranger aussi proprement que

le lui permirent ses moyens l'intérieur de sa chaumière : ce fut l'affaire de quelques jours. Il loua une vieille femme pour faire son ménage, et il s'installa chez lui après avoir pris congé de ses parens avec cordialité. La bonne femme Lhéry sentit évanouir tout le ressentiment qu'elle avait conçu contre lui, et pleura en l'embrassant. Le brave Lhéry se fâcha et voulut de force le retenir à la ferme; Athénaïs alla s'enfermer dans sa chambre où la violence de son émotion lui causa une nouvelle attaque de nerfs, car Athénaïs était sensible et impétueuse; elle ne s'était attachée à Blutty que par dépit et vanité. Au fond de son cœur elle chérissait encore Bénédict, et lui eût accordé son pardon s'il eût fait un pas vers elle.

Bénédict ne put s'arracher de la ferme qu'en donnant sa parole d'y revenir après le mariage d'Athénaïs. Quand il se trouva le soir seul dans sa maisonnette silencieuse, ayant pour tout compagnon Perdreau assoupi entre ses jambes, pour toute harmonie le bruit de la bouilloire qui contenait son souper, et qui grinçait sur un ton aigre et plaintif devant les fagots de l'âtre, un sentiment de tristesse et de découragement s'empara de lui. A vingt-deux ans, après avoir connu les arts, les sciences, l'espérance et l'amour, c'est une triste fin que l'isolement et la pauvreté !

Ce n'est pas que Bénédict fût très-sensible aux avantages de la richesse : il était dans l'âge où l'on s'en passe le mieux ; mais on ne saurait nier que l'aspect des objets extérieurs n'ait une influence immédiate sur nos pensées, et ne détermine le plus souvent la teinte de notre humeur. Or, la ferme avec son désordre et ses contrastes était un lieu de délices en comparaison de l'ermitage de Bénédict. Les murs bruts, le lit de serge en forme de corbillard, quelques vases de cuisine en cuivre et en terre, disposés sur des rayons ; le pavé en dalles calcaires inégales et ébréchées de tous côtés, les meubles grossiers, le jour rare et gris qui venait de quatre carreaux irisés par le soleil et la pluie: ce n'était pas là de quoi faire éclore des rêves brillans. Bénédict tomba dans une triste méditation. Le paysage qu'il découvrait par sa porte entr'ouverte, quoique pittoresque et vigoureusement dessiné, n'était pas non plus de nature à donner une pente très-riante à ses idées. Une ravine sombre et semée de genêts épineux le séparait du chemin raide et tortueux qui se déroulait comme un serpent sur la colline opposée, et s'enfonçant dans les houx et les buis au feuillage noirâtre, semblait, par sa pente rapide, tomber brusquement des nues.

Cependant, les souvenirs de Bénédict venant à se reporter sur ses jeunes années qui s'étaient écoulées en ce lieu, il trouva insensiblement un charme mélancolique à sa retraite. C'était sous ce toit obscur et décrépit qu'il avait vu le jour; auprès de ce foyer, sa mère l'avait bercé d'un chant rustique ou du bruit monotone de son rouet. Le soir, sur ce sentier escarpé, il avait vu descendre son père, paysan grave et robuste, avec sa cognée sur l'épaule et son fils aîné derrière lui. Bénédict avait aussi de vagues souvenirs d'une sœur plus jeune que lui, dont il avait souvent agité le berceau, de quelques vieux parens, d'anciens serviteurs. Mais tout cela avait passé pour jamais le seuil. Tout était mort, et Bénédict se rappelait à peine les noms qui avaient été jadis familiers à son oreille.

— O mon père! ô ma mère! disait-il aux ombres qu'il voyait passer dans ses rêves, voilà bien la maison que vous avez bâtie, le lit où vous avez reposé, le champ que vos mains cultivèrent. Mais votre plus précieux héritage, vous ne me l'avez pas transmis; où sont ici pour moi la simplicité du cœur, le calme de l'esprit, les véritables fruits du travail? Si vous errez dans cette demeure pour y retrouver les objets qui vous furent chers, vous allez passer auprès de moi sans me reconnaître, car je ne suis plus cet être heureux et pur qui sortit de vos mains, et qui devait profiter de vos labeurs. Hélas! l'éducation a corrompu mon esprit; les vains désirs, les rêves gigantesques ont faussé ma nature et détruit mon avenir. La résignation et la patience, ces deux vertus du pauvre, je les ai perdues; aujourd'hui, je reviens en proscrit habiter cette chaumière dont vous étiez innocemment vaniteux. C'est pour moi la terre d'exil que cette terre fécondée par vos sueurs; ce qui fit votre richesse fait aujourd'hui mon pis-aller.

Puis, en pensant à Valentine, Bénédict se demandait avec douleur ce qu'il eût pu faire pour cette fille élevée dans le luxe, ce qu'elle fût devenue si elle eût consenti à venir se perdre avec lui dans cette existence rude et chétive; et il s'applaudissait de n'avoir pas même essayé de la détourner de ses devoirs et de sa richesse.

Et pourtant il se disait aussi qu'avec l'espoir d'une femme comme Valentine, il aurait eu des talens, de l'ambition et une carrière. Elle eût réveillé en lui ce principe d'énergie qui, ne pouvant servir à personne, s'était engourdi et paralysé dans son sein. Elle eût embelli la misère, ou plutôt elle l'aurait chassée : car, pour Valentine, Bénédict ne voyait rien qui fût au-dessus de ses forces.

Et elle lui échappait pour jamais ! Bénédict retombait dans le désespoir.

Quand il apprit que M. de Lansac était arrivé au château, que dans trois jours Valentine serait mariée, il entra dans un accès de rage si atroce, qu'un instant il se crut né pour les plus grands crimes. Jamais il ne s'était arrêté sur cette pensée que Valentine pouvait appartenir à un autre homme que lui. Il s'était bien résigné à ne la posséder jamais ; mais voir ce bonheur passer aux bras d'un autre, c'est ce qu'il ne croyait pas encore ! La circonstance la plus évidente, la plus inévitable, la plus prochaine de son malheur, il s'était obstiné à croire qu'elle n'arriverait point, que M. de Lansac mourrait, que Valentine mourrait plutôt elle-même au moment de contracter ces liens odieux. Bénédict ne s'en était pas vanté dans la crainte de passer pour un fou, mais il avait réellement compté sur quelque miracle, et ne le voyant point s'accomplir, il maudissait Dieu qui lui en avait suggéré l'espérance, et qui l'abandonnait. Car l'homme rapporte tout à Dieu dans les grandes crises de sa vie ; il a toujours besoin d'y croire, soit pour le bénir de ses joies, soit pour l'accuser de ses fautes.

Mais sa fureur augmenta encore quand il eut aperçu, un jour qu'il rôdait autour du parc, Valentine qui se promenait seule avec M. de Lansac. Le secrétaire d'ambassade était empressé, gracieux, presque triomphant. La pauvre Valentine était pâle, abattue, mais elle avait l'air doux et résigné, elle s'efforçait de sourire aux mielleuses paroles de son fiancé.

Cela était donc bien sûr! On n'avait pas trompé Bénédict: cet homme était là! il allait épouser Valentine! Il cacha sa tête dans ses deux mains, et passa douze heures dans un fossé, absorbé par un désespoir stupide.

Pour elle, la pauvre jeune fille, elle subissait son sort avec une soumission passive et silencieuse. Son amour pour Bénédict avait fait des progrès si rapides, qu'il avait bien fallu s'avouer le mal à elle-même. Mais entre la conscience de sa faute et la volonté de s'y abandonner, il y avait encore bien du chemin à faire; surtout Bénédict n'étant plus là pour détruire d'un regard tout l'effet d'une journée de résolutions. Valentine était pieuse, elle se confia à Dieu, et attendit M. de Lansac avec l'espoir de revenir à ce qu'elle croyait avoir éprouvé pour lui.

Mais dès qu'il parut, elle sentit combien

cette bienveillance aveugle et indulgente qu'elle lui avait accordée était loin de constituer une affection véritable. Il lui sembla dépouillé de tout le charme que son imagination lui avait prêté un instant. Elle se sentit froide et ennuyée auprès de lui. Elle ne l'écoutait plus qu'avec distraction, et ne lui répondait que par complaisance. M. de Lansac était trop adroit pour ne pas s'apercevoir de ce changement. Il en ressentit une vive inquiétude ; mais quand il vit que le mariage n'en marchait pas moins, et que Valentine ne semblait pas disposée à y faire la moindre opposition, il se consola facilement d'un caprice qu'il ne voulut pas pénétrer, et qu'il feignit de ne pas voir.

La répugnance de Valentine augmentait pourtant d'heure en heure ; elle était pieuse et même dévote par éducation et par conviction. Elle s'enfermait des heures entières pour prier, espérant toujours trouver dans le recueillement et la ferveur la force qui lui manquait pour revenir au sentiment de son devoir. Mais ces méditations ascétiques fatiguaient de plus en plus son cerveau, et donnaient plus d'intensité à la puissance que Bénédict exerçait sur son ame. Elle sortait de là plus épuisée, plus tourmentée que jamais. Sa mère qui s'étonnait de sa tristesse, s'en offensait sérieusement, et l'accusait de vouloir jeter de la contrariété sur ce moment si doux, disait-elle, au cœur d'une mère. Il est certain que tous ces embarras ennuyaient mortellement madame de Raimbault. Elle avait voulu, pour les diminuer, que la noce se fît sans éclat et sans luxe à la campagne. Tels qu'ils étaient, il lui tardait beaucoup d'en être débarrassée et de se trouver libre de rentrer dans le monde où la présence de Valentine l'avait toujours extraordinairement gênée.

Bénédict roulait dans sa tête mille absurdes projets. Le dernier auquel il s'arrêta, et qui mit un peu de calme dans ses idées, fut de voir Valentine une fois avant d'en finir pour jamais avec elle ; car il se flattait presque de ne l'aimer plus quand elle aurait subi les embrassemens de M. de Lansac. Il espéra que Valentine le calmerait par des paroles de consolation et de bonté, ou qu'elle le guérirait par la pruderie d'un refus.

Il lui écrivit :

« Mademoiselle,

» Je suis votre ami à la vie et à la mort, vous le savez ; vous m'avez appelé votre frère, vous avez imprimé sur mon front un témoignage sacré de votre estime et de votre confiance. Vous m'avez fait espérer dès cet instant que je trouverais en vous un conseil et un appui dans les circonstances difficiles de ma vie. Je suis horriblement malheureux ; j'ai besoin de vous voir un instant, de vous demander du courage, à vous si forte et si supérieure. Il est impossible que vous me refusiez cette faveur. Je connais votre générosité, votre mépris des sottes convenances et des dangers quand il s'agit de faire du bien. Je vous ai vue auprès de Louise ; je sais ce que vous pouvez. C'est au nom d'une amitié aussi sainte, aussi pure que la sienne, que je vous demande à genoux d'aller vous promener ce soir au bout de la prairie.

» Bénédict. »

XX

VALENTINE aimait Bénédict ; elle ne pouvait pas résister à sa demande. Il y a tant d'innocence et de pureté dans le premier amour de la vie, qu'il se méfie peu des dangers qui sont en lui. Valentine se refusait à pressentir la cause des chagrins de Bénédict.

Elle le voyait malheureux, et elle eût admis les plus invraisemblables infortunes plutôt que de s'avouer celle qui l'accablait. Il y a des routes si trompeuses et des replis si multiples dans la plus pure conscience! Comment la femme jetée avec une ame impressionnable dans la carrière ardue et rigide des devoirs, pourrait-elle résister à la nécessité de transiger à chaque instant avec eux? Valentine trouva aisément des motifs de croire Bénédict atteint d'un malheur étranger à elle. Souvent Louise lui avait dit, dans les derniers temps, que ce jeune homme l'affligeait par sa tristesse et par son incurie de l'avenir. Elle avait aussi parlé de la nécessité où il serait bientôt de quitter la famille Lhéry, et Valentine se persuadait que, jeté sans fortune et sans appui dans le monde, il pouvait avoir besoin de sa protection et de ses conseils.

Il était assez difficile de s'échapper la veille même de son mariage, obsédée comme elle l'était des attentions et des petits soins de

M. de Lansac. Elle y réussit cependant en priant sa nourrice de dire qu'elle était couchée si on la demandait, et pour ne pas perdre de temps, pour ne pas revenir sur une résolution qui commençait à l'effrayer, elle traversa rapidement la prairie. La lune était alors au plein. On voyait aussi nettement les objets que dans le jour.

Elle trouva Bénédict debout, les bras croisés sur sa poitrine, dans une immobilité qui lui fit peur. Comme il ne faisait pas un mouvement pour venir à sa rencontre, elle crut un instant que ce n'était pas lui, et fut sur le point de fuir. Alors il vint à elle. Sa figure était si altérée, sa voix si éteinte, que Valentine, accablée par ses propres chagrins et par ceux dont elle voyait la trace chez lui, ne put retenir ses larmes, et fut forcée de s'asseoir oppressée par des sanglots qu'elle cherchait vainement à étouffer.

Ce fut fait des résolutions de Bénédict. Il était venu en ce lieu, déterminé à suivre religieusement la marche qu'il s'était tracée dans son billet. Il voulait entretenir Valentine de sa séparation d'avec les Lhéry, de ses incertitudes pour le choix d'un état, de son isolement, de tous les prétextes étrangers à son vrai but. Ce but était de voir Valentine, d'entendre le son de sa voix, de trouver dans ses dispositions envers lui le courage de vivre ou de mourir. Il s'attendait à la trouver grave, réservée, à la voir armée de tout le sentiment de ses devoirs. Il y a plus, il s'attendait presque à ne pas la voir du tout.

Quand il l'aperçut au fond de la prairie, accourant vers lui de toute sa vitesse; quand elle se laissa tomber haletante et accablée sur le gazon; quand sa douleur s'exprima en dépit d'elle-même par des larmes, Bénédict crut rêver. Oh! ce n'était pas là de la compassion seulement : c'était de l'amour! Un sentiment de joie délirante s'empara de lui, il oublia encore une fois et son malheur et celui de Valentine, et la veille et le lendemain, pour ne voir que Valentine qui était là, seule avec lui, Valentine qui l'aimait et qui ne le lui cachait plus.

Il se jeta à genoux devant elle; il baisa ses pieds avec ardeur. C'était une trop rude épreuve pour Valentine, elle sentit tout son sang se figer dans ses veines, sa vue se troubla; la fatigue de sa course rendant plus pénible encore la lutte qu'elle s'imposait pour cacher ses pleurs, elle tomba pâle et presque morte dans les bras de Bénédict.

Leur entrevue fut longue, orageuse. Ils n'essayèrent pas de se tromper sur la nature du sentiment qu'ils éprouvaient; ils ne cherchèrent point à se soustraire au danger des plus ardentes émotions. Bénédict couvrit de pleurs et de baisers les vêtemens et les mains de Valentine. Valentine cacha son front brûlant sur l'épaule de Bénédict. Mais ils avaient vingt ans. Ils aimaient pour la première fois, et l'honneur de Valentine était en sûreté dans le sein de Bénédict. Il n'osa seulement pas prononcer ce mot d'amour qui effarouche l'amour même. Ses lèvres osèrent à peine effleurer les beaux cheveux de sa maîtresse. Le premier amour sait à peine s'il existe une volupté plus grande que celle de se savoir aimé. Bénédict fut le plus timide des amans et le plus heureux des hommes.

Ils se séparèrent sans avoir rien projeté, rien résolu. A peine dans ces deux heures de transports et d'oubli avaient-ils échangé quelques paroles sur leur situation, lorsque le timbre clair de l'horloge du château vint faiblement vibrer dans le silence de la prairie. Valentine compta dix coups presque insaisissables, et se rappela sa mère, son fiancé, le lendemain; mais comment quitter Bénédict! que lui dire pour le consoler! Où trouver la force de l'abandonner dans un tel moment! L'apparition d'une femme à quelque distance lui arracha une exclamation de terreur. Bénédict se tapit précipitamment dans le buisson; mais à la vive clarté de la lune, Valentine reconnut presque aussitôt sa nourrice Catherine qui la cherchait avec anxiété. Il lui eût été facile de se cacher aussi à ses regards, mais elle sentit qu'elle ne devait pas le faire, et marchant droit à elle :

— Qu'y a-t-il? lui demanda-t-elle en se pendant toute tremblante à son bras.

— Pour l'amour de Dieu, rentrez, Mademoiselle, dit la bonne femme ; Madame vous a déjà demandée deux fois, et comme j'ai répondu que vous vous étiez jetée sur votre lit, elle m'a ordonné de l'avertir aussitôt que vous seriez éveillée; alors l'inquiétude m'a prise, et comme je vous avais vue sortir par la petite porte, comme aussi je sais que vous venez quelquefois le soir vous promener par ici, je me suis mise à vous chercher. Oh! Mademoiselle, aller toute seule vous promener si loin! Vous avez tort. Vous devriez au moins me dire d'aller avec vous.

Valentine embrassa sa nourrice, jeta un coup-d'œil triste et inquiet sur le buisson, et laissa volontairement à la place qu'elle quittait son foulard, le même qu'elle avait une fois prêté à Bénédict dans la promenade autour de la ferme. Lorsqu'elle fut rentrée, sa nourrice le chercha partout, et remarqua qu'elle l'avait perdu dans cette promenade.

Valentine trouva sa mère qui l'attendait dans sa chambre depuis quelques instans. Elle manifesta un peu de surprise de la voir si complètement habillée après avoir passé deux heures sur son lit. Valentine répondit que, se sentant oppressée, elle avait voulu prendre l'air, et que sa nourrice lui avait donné le bras pour faire un tour de promenade dans le parc.

Alors madame de Raimbault entama une grave dissertation d'affaires avec sa fille; elle lui fit remarquer qu'elle lui laissait le château et la terre de Raimbault, dont le nom seul constituait presque tout l'héritage de son père, et dont la valeur réelle, détachée de sa propre fortune, constituait une assez belle dot. Elle la pria de lui rendre justice en reconnaissant le bon ordre qu'elle avait mis dans sa fortune, et de témoigner à tout le monde dans le cours de sa vie l'excellente conduite de sa mère envers elle. Elle entra dans des détails d'argent qui firent de cette exhortation maternelle une véritable consultation notariée, et termina sa harangue en lui disant qu'elle espérait, au moment où la loi allait les rendre *étrangères* l'une à l'autre, trouver Valentine disposée à lui accorder *des égards* et des soins.

Valentine n'avait pas entendu la moitié de ce long discours. Elle était pâle, des teintes violettes cerclaient ses yeux abattus, et de temps en temps un brusque frisson parcourait tous ses membres. Elle baisa tristement les mains de sa mère, et s'apprêtait à se mettre au lit quand la *demoiselle de service* de sa grand'mère vint d'un air solennel l'avertir que la marquise l'attendait dans son appartement.

Valentine se traîna encore à cette cérémonie ; elle trouva la chambre à coucher de la vieille dame accoutrée d'une sorte de décoration religieuse. On avait formé un autel avec une table et des linges brodés. Des fleurs disposées en bouquets d'église entouraient un crucifix d'or guilloché. Un missel de velours écarlate était ouvert sacramentellement sur l'autel. Un coussin attendait les genoux de Valentine, et la marquise, posée théâtralement dans son grand fauteuil, s'apprêtait avec une puérile satisfaction à jouer sa petite comédie d'étiquette.

Valentine s'approcha en silence, et parce qu'elle était pieuse de cœur, elle regarda sans émotion ces ridicules apprêts. La demoiselle de service ouvrit une porte opposée par laquelle entrèrent d'un air à la fois humble et curieux toutes les servantes de la maison. La marquise leur ordonna de se mettre à genoux et de prier pour le bonheur de leur jeune maîtresse; puis ayant fait agenouiller aussi Valentine, elle se leva, ouvrit le missel, mit ses lunettes, récita quelques versets de psaumes, chevrota un cantique avec sa demoiselle de service, et finit en imposant les mains et en donnant sa bénédiction à Valentine. Jamais cérémonie sainte et patriarcale ne fut plus misérablement travestie par une vieille espiégle du temps de la Dubarry.

En embrassant sa petite-fille, elle prit (précisément sur l'autel) un écrin contenant une assez jolie parure en camées dont elle lui faisait présent, et mêlant la dévotion à la frivolité, elle lui dit presque en même temps :

— Dieu vous donne, ma fille, les vertus d'une bonne mère de famille ! — Tiens, ma petite, voici le petit cadeau de ta grand'mère. Ce sera pour les demi-toilettes.

Valentine eut la fièvre toute la nuit, et ne dormit que vers le matin. Mais elle fut bientôt éveillée par le son des cloches qui appelaient tous les environs à la chapelle du château. Catherine entra dans sa chambre avec un billet qu'une vieille femme des enviro lui avait remis pour mademoiselle de Raimbault. Il ne contenait que ce peu de mots tracés péniblement.

« Valentine ! il serait encore temps de dire non. »

Valentine frémit et brûla le billet. Elle essaya de se lever, mais plusieurs fois la force lui manqua. Elle était assise à demi-vêtue sur une chaise quand sa mère entra, lui reprocha d'être si fort en retard, refusa de croire son indisposition sérieuse, et l'avertit que plusieurs personnes l'attendaient déjà au salon. Elle l'aida elle-même à faire sa toilette, et quand elle la vit belle et parée, mais aussi pâle que son voile, elle voulut lui mettre du rouge. Valentine pensa que Bénédict la verrait peut-être passer; elle aima mieux qu'il vît sa pâleur, et elle résista pour la première fois de sa vie à une volonté de sa mère.

Elle trouva au salon quelques voisins d'un rang secondaire, car madame de Raimbault, ne voulant point d'apparat à cette noce, n'avait invité que des gens *sans conséquence*. On devait déjeuner dans le jardin, et les paysans danser au bout du parc au pied de la colline. M. de Lansac parut bientôt, noir des pieds à la tête, et la boutonnière chargée d'ordres étrangers. Trois voitures transportèrent toute la noce à la mairie qui était au village voisin. Le mariage ecclésiastique se fit au château.

Valentine, en s'agenouillant devant l'autel, sortit un instant de l'espèce de torpeur où elle était tombée. Elle se dit qu'il n'était plus temps de reculer; que les hommes venaient de la forcer à s'engager avec Dieu, et qu'il n'y avait plus de choix possible entre le malheur et le sacrilége. Elle pria avec ferveur, demanda au ciel la force de tenir des sermens qu'elle voulait prononcer dans la sincérité de son ame, et à la fin de la cérémonie, l'effort surhumain qu'elle s'était imposé pour être calme et recueillie, l'ayant épuisée, elle se retira dans sa chambre pour y prendre quel que repos. Par un secret instinct de pudeur et d'attachement, Catherine s'assit au pied de son lit et ne la quitta point.

Le même jour, à deux lieues de là, se célébrait, dans un petit hameau de la vallée, le mariage d'Athénaïs Lhéry avec Pierre Blutty. Là aussi la jeune épousée était pâle et triste, moins cependant que Valentine, mais assez pour tourmenter sa mère qui était beaucoup plus tendre que madame de Raimbault, et pour donner quelque humeur à son époux qui était beaucoup plus franc et moins poli que M. de Lansac. Athénaïs avait peut-être un peu trop présumé des forces de son dépit en se déterminant aussi vite à épouser un homme qu'elle n'aimait guère. Par suite peut-être de l'esprit de contradiction qu'on reproche aux femmes, son affection pour Bénédict se réveilla précisément au moment où il n'était plus temps de se raviser, et, au retour de l'église, elle *régala* son mari d'une scène de pleurs fort *ennuyante*. C'est ainsi que s'exprimait Pierre Blutty en se plaignant de cette contrariété à son ami Georges Simonneau.

Néanmoins la noce fut autrement nombreuse, joyeuse et bruyante à la ferme qu'au château. Les Lhéry avaient au moins soixante cousins et arrière-cousins. Les Blutty n'étaient pas moins riches en parenté, et la grange ne fut pas assez grande pour contenir les convives.

Dans l'après-midi, lorsque la portion dansante de la noce eut suffisamment fêté les veaux gras et les pâtés de gibier de la ferme, on laissa l'arène gastronomique aux vieillards, et l'on se rassembla sur la pelouse pour commencer le bal; mais la chaleur était extrême, il y avait peu d'ombrage en cet endroit, et autour de la ferme il n'y avait véritablement pas de place très-commode pour danser. Quelqu'un insinua qu'il y avait auprès du château une immense salle de verdure fort bien nivelée, où cinq cents personnes dansaient en cet instant. Le campagnard aime la foule tout comme le dandy ; pour s'amuser beaucoup il lui faut beaucoup de monde, des pieds qui écrasent ses pieds, des coudes qui le coudoient, des haleines qui absorbent sa portion d'air vital. Dans tous les pays du monde, dans tous les rangs de la société, c'est là le plaisir.

Madame Lhéry accueillit cette idée avec empressement. Elle avait dépensé assez d'argent à la toilette de sa fille pour désirer qu'on la vît en regard de celle de mademoiselle de Raimbault, et qu'on parlât dans tout le pays de sa magnificence. Elle s'était scrupuleusement informée du choix des parures de Valentine. Pour une fête aussi champêtre on n'avait destiné à celle-ci que des ornemens simples et de bon goût. Madame Lhéry avait écrasé sa fille de dentelles et de pierreries, et, jalouse de la produire dans tout son éclat, proposa d'aller se réunir à la noce du château où elle avait été priée elle et tous les siens. Athénaïs résista bien un peu. Elle craignait de rencontrer autour de Valentine cette pâle et sombre figure de Bénédict qui lui avait fait tant de mal le dimanche précédent à l'église. Mais l'obstination de sa mère, le désir de son mari qui n'était pas non plus exempt de vanité, peut-être aussi un peu de cette même vanité pour son propre compte, la déterminèrent. On attela les carrioles, chaque cavalier prit en croupe sa cousine, sa sœur ou sa fiancée; Athénaïs vit en soupirant s'intaller les rênes en main, dans la patache, son nouvel époux, à cette place que Bénédict avait si long-temps occupée, et qu'il n'occuperait plus.

FIN DU TOME PREMIER.

www.ingramcontent.com/pod-product-compliance
Lightning Source LLC
Chambersburg PA
CBHW060326170426
43202CB00014B/2685

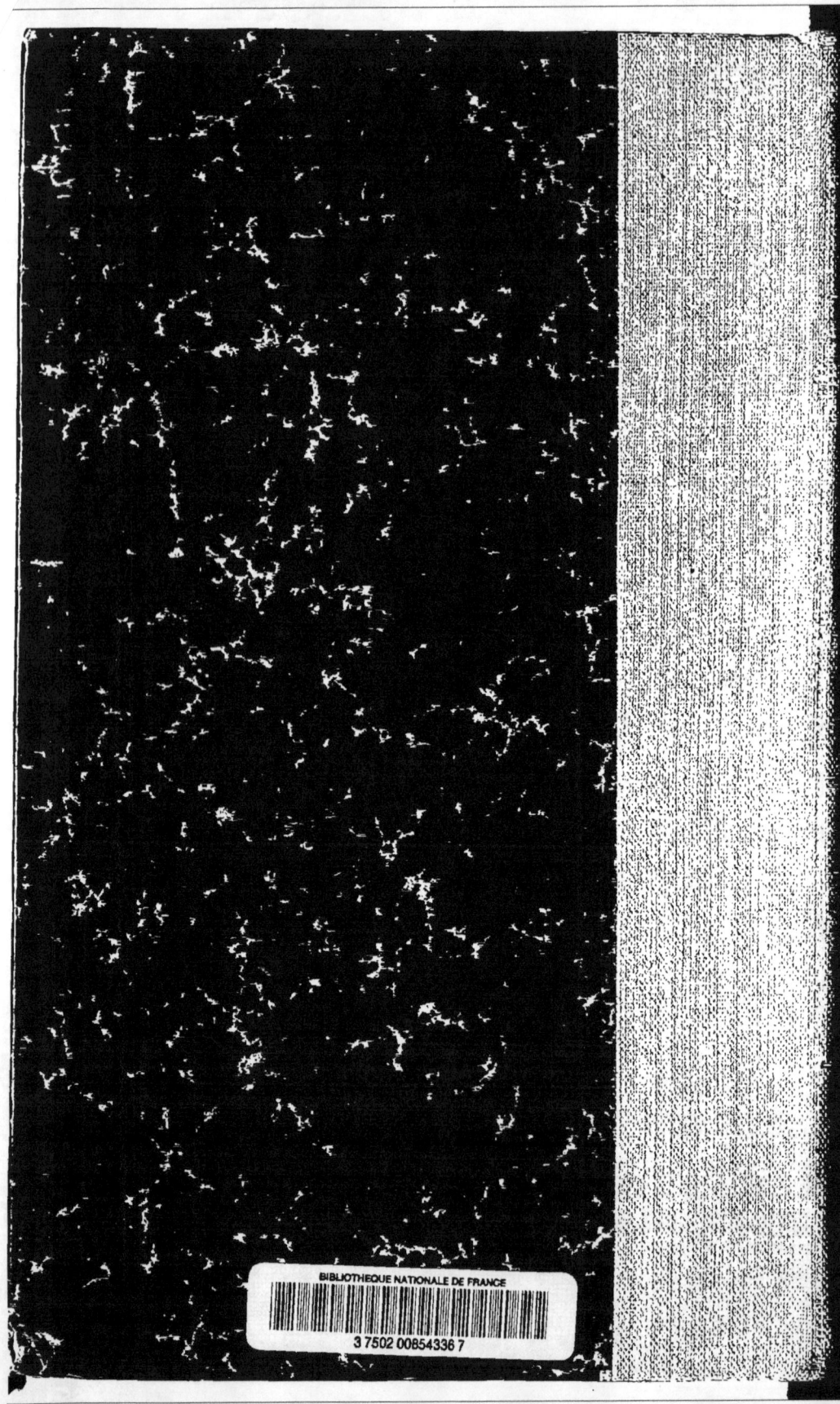

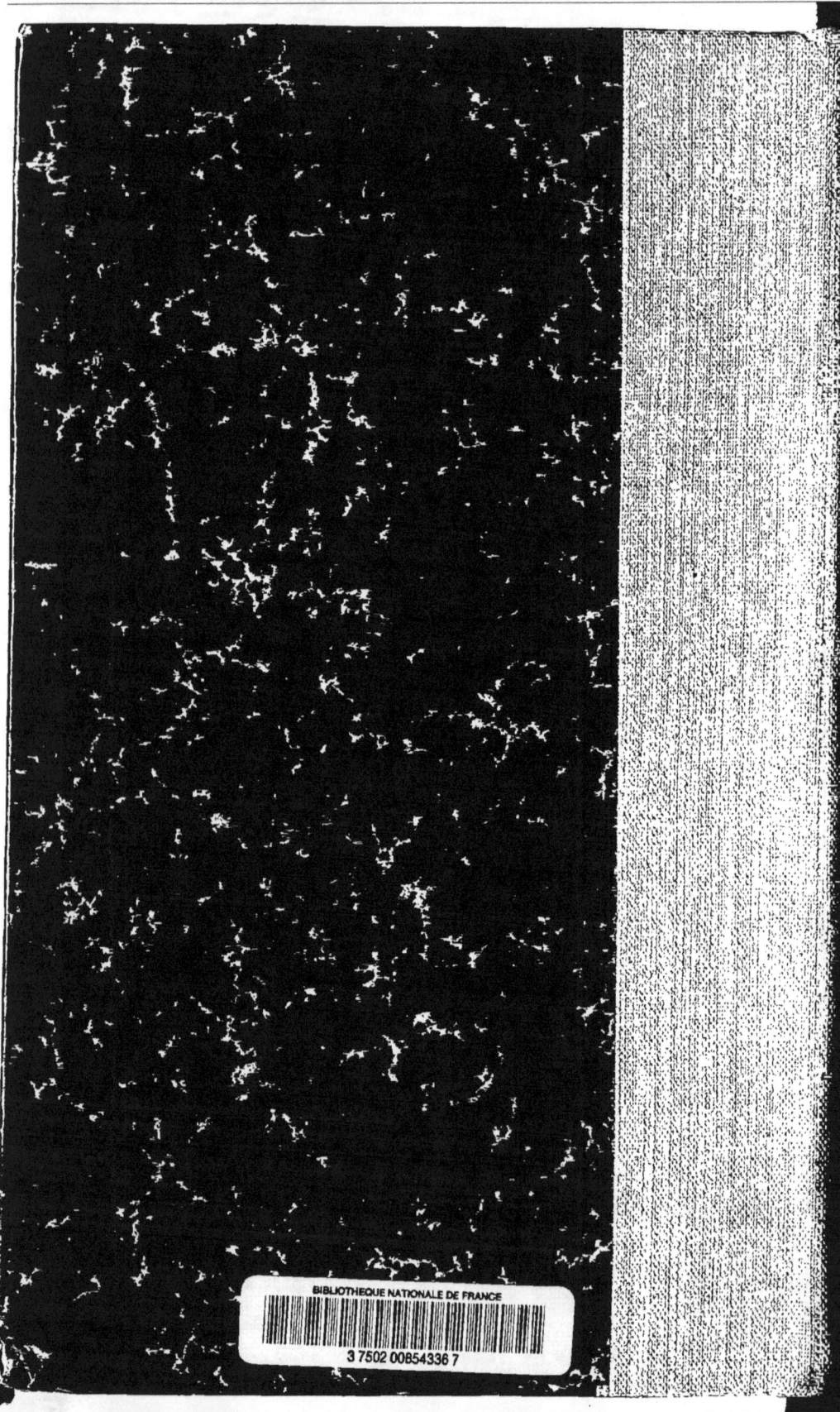

www.ingramcontent.com/pod-product-compliance
Lightning Source LLC
Chambersburg PA
CBHW050258170426
43202CB00011B/1736